斜めからの学校英文法

開拓社
言語・文化選書
70

斜めからの
学校英文法

中島平三 著

開拓社

は じ め に

　学校で学ぶ「学校英文法」のイメージは，高校生にも，大学生にも，社会人にも，あまり芳しくありません。概して，細々とした面倒な約束事を覚えるだけ，といったイメージが強いようです。こうしたマイナスのイメージを変えたいのだが，では，その原因はどこにあるのだろうか——そのようなことを長年英文法の授業を行う中で考えてきました。辿りついた一つの答えは，学校では英文法を正面から——いや，正面だけから——教えているからではないだろうか，ということでした。

　私たち日本人が英語を外国語として学ぶには，英語の発音，語彙，句や文の作り方，解釈の仕方などの約束事を学ばなくてはなりません。こうした英語に関する約束事を，総じて，「英文法」と呼んでいます。英文法は，英語の基礎力をつけ，今日の英語教育の大きな目標である「4技能の向上」を下支えする上で不可欠です。2020年から施行される大学入学共通テストでは，4技能全般の学力が問われますから，それらを下支えする英文法の知識はますます重要になってくるはずです。

　4技能の向上を目標にして行われる英語教育は，伝統的で正統的な「正面からの英語教育」と呼ぶことができます。正面からの英語教育は，外国人（非母語話者）が英語を学ぶ上で大切なのですが，そこで教えられる英文法は，細々とした内容で，その多くが，納得のいくような理由や説明も示されずに，ひたすらに暗記することが求められます。しかも，一つ覚えたかと思うと，必ず

v

その例外が出てきます。その例外もただ記憶する以外にありません。かくして，学校英文法は，雑多な，例外の多い，面倒な英語の約束事を，ひたすらに覚えるだけ，という芳しくないイメージが，広く深く定着してきています。

　4技能の向上は，英語教育の実用的な目的です。英語の科目名が「コミュニケーション英語」や「英語表現」になり，大学入学共通テストでは4技能の学力が測られるようになり，英語教育はますます実用的目的に力点が置かれてきています。ですが，実用的目的は，外国語教育の一側面に過ぎません。それとは別に，もう少し意欲をそそるような，知的訓練や思考力の育成などといった目的──「現代外国語教育に関するユネスコ勧告」（1965）の言い方を借りれば，「実用的目的」に対する「教育的目的」──があるはずです。

　私が大学で英文法の授業を担当するに当たって，長年その目標を，高校まで行われてきた正面からの英語教育を引き継ぎ，実用的目的を一層高めることに置いてきました。ですがそのような目標の下で授業を行った結果学生たちが抱いた英文法のイメージは，おしなべてあまり芳しくない，マイナスのイメージです。そうした経験を毎年繰り返す中で，大学での英文法教育の目標を，**「正面からの英文法教育」から「斜めからの英文法教育」へと転換**してみてはどうか，ということに思い当りました。斜めからの英文法教育では，例外の多い現象の背後に規則性が潜んでいることに気付かせ，その規則性を大局的に捉える方法を考えさせ，そして，それを通じて考える力を培うといった，ユネスコ勧告の言う「教育的目的」により多くの力点を置くことになります。ここ数年，こうした斜めからの文法教育の実践から確かな手ごたえを少

しずつ感じてきていました（第1章参照）。

そこで，中学・高校で行われる英文法の授業でも「斜めからの学校英文法」を行うことができないだろうか，と思うに至りました。それができれば，生徒たちの英文法に対するイメージも少しはプラスの方向に変わっていくのではないだろうか，と期待しています。ただし，どの教科でも教える内容が多くなり，時間がひっ迫しており，新たに教材を持ち込む余裕などはほとんどありません。斜めからの英文法教育を行おうとするならば，教科書や学習参考書で扱われている既存・既習の教材を材料にする必要があります。

本書では，主に高校で習うような文法事項を取り上げ，一見例外のように見える現象にも規則性があることや，納得のいく説明が成り立つことや，文法はただ覚えるだけの学習ではないことなどを，具体的に示していこうと思います。こうした**斜めからの英文法を行うのに，教科書や参考書で扱われる教材で十分である**ことを理解して頂けるように，**なるべく教科書や参考書の当該箇所に言及するように努めています**。本文中で教科書や参考書に言及する際の略記の仕方については，巻末の参考文献の箇所を見て下さい。**説明に用いる用語も，なるべく学校英文法の用語を用いるように心掛けていきます**。

斜めからの学校英文法の実践によって，生徒や学生たちが，**ことばは実によくできているということを実感**し，彼らの英文法に対するマイナスのイメージが払拭（少なくとも軽減）されるようになることを願っています。

　2017年6月　　　　　　　　　　　　　　中島　平三

目　　次

はじめに　*v*

第1章　英文法のイメージは変わるか ……………………………… *1*

1.1.　英文法は記憶科目？　*1*

1.2.　英文法の授業の目標を変える　*3*

1.3.　実用的目的，教育的目的　*5*

1.4.　中高校で「斜めからの学校英文法」　*8*

第2章　まずは誰でも知っている5文型から ……………… *12*

2.1.　主語について　*13*

2.2.　動詞について　*15*

2.3.　何によって文型が決まるのか？　*16*

2.4.　修飾語の扱い　*18*

2.5.　助動詞の扱い　*20*

第3章　命令文は5文型の例外か ……………………………… *22*

3.1.　命令文は動詞の原形で始まる　*22*

3.2.　主語の存在を証明する　*23*

3.3.　命令文の再帰代名詞　*25*

3.4.　命令文の付加疑問文　*26*

ix

x

第4章　本当に助動詞は随意的か …………………………… 29

4.1.　助動詞を含む文，含まない文　*29*
4.2.　すべての述語動詞が「助動詞＋原形動詞」　*32*
4.3.　do / does / did の正体は？　*35*
4.4.　不定詞節にも助動詞が含まれているのか　*39*
4.5.　相助動詞　*44*
4.6.　知覚動詞・使役動詞に続く「原形不定詞」にも助動詞があるのか？　*46*

第5章　「見えない」意味上の主語は見えないだけか？ ……… 50

5.1.　「見えない」意味上の主語　*52*
5.2.　見えない主語は代名詞　*53*
5.3.　見えない主語の先行詞——最短距離の原則　*56*
5.4.　主語の位置の不定詞　*59*

第6章　原則はどのような場合に当てはまり，どのような 場合に当てはまらないか ……………………………… 63

6.1.　3用法と意味上の主語　*63*
6.2.　形容詞的用法の不定詞節　*64*
6.3.　副詞的用法の不定詞節　*71*

第7章　動名詞は「詞」ではなく「節」である ……………… 74

7.1.　動名詞の主語　*75*
7.2.　動名詞節の助動詞　*76*
7.3.　なぜ進行形の動名詞はダメなのか　*78*
7.4.　完了の have や受動の be などは助動詞か，動詞か？　*83*

xi

第8章　動名詞と現在分詞はどう違うのか？ ·················· 89

8.1.　動名詞および現在分詞と用法の関係　89
8.2.　動名詞と現在分詞の共通性　91
8.3.　動名詞と現在分詞の主語　96
8.4.　主語の格　99
8.5.　分離擁護論を見直す　103
8.6.　その他の ～ing 形　109

第9章　ちょっと変わった過去分詞 ···························· 114

9.1.　分詞の形容詞的用法　114
9.2.　相補分布関係の例外　116
9.3.　2 種類の自動詞　120
9.4.　ナル動詞の主語の位置　123
9.5.　ナル動詞の過去分詞，現在分詞による修飾　127

第10章　不定詞に共通した意味があるのか ·················· 129

10.1.　S＋V＋to 不定詞　129
10.2.　不定詞の「時」　130
10.3.　不定詞の意味　132
10.4.　2 種類の不定詞の文法的相違——繰り上げ動詞と制御動詞　135
10.5.　S＋V＋O＋to 不定詞　140
10.6.　「S＋V＋O＋to 不定詞」にも繰り上げ動詞と制御動詞がある　144
10.7.　to 不定詞を取る動詞　149

第11章　動名詞に共通した意味は何か ························· 153

11.1.　動名詞を取る動詞　154
11.2.　動名詞の二つの意味　158
11.3.　動名詞と不定詞の両方を取る動詞　161
11.4.　動名詞と不定詞の比較　167

xii

　11.5.　動名詞と不定詞の選択　　*169*

第12章　すべての他動詞が他動詞か ………………………… *172*

　12.1.　注意すべき他動詞　　*172*
　12.2.　ヲ格を取らない他動詞は受動文にもならない　　*174*
　12.3.　まだまだある受動化できない他動詞　　*177*
　12.4.　受動化できない他動詞の特徴　　*179*
　12.5.　一般的な他動詞の主語と目的語　　*182*
　12.6.　受動化できない他動詞は自動詞に似ている　　*184*
　12.7.　奇想天外な発想——受動化できない他動詞は自動詞（ナル動詞）
　　　　だ　　*187*
　12.8.　受動化できない他動詞のもう一つのグループ　　*190*
　12.9.　おわりに　　*192*

第13章　ことばに学ぶ …………………………………………… *194*

　13.1.　ことばの研究の「斜めの」成果　　*194*
　13.2.　言語学者の habit of life　　*195*
　13.3.　「例外」はつきもの　　*196*
　13.4.　正攻法の行き詰まり　　*199*
　13.5.　ことばの精密さに驚かされる　　*202*
　13.6.　ことばによる人間科学　　*203*

あとがき …………………………………………………………… *205*

参考文献 …………………………………………………………… *209*

索　　引 …………………………………………………………… *213*

第1章　英文法のイメージは変わるか

1.1.　英文法は記憶科目？

　毎年英文科に入学してくる大学1年生向けに英文法の授業を行っていますが，その最初の時間に英文法に対するイメージや感想を書いてもらっています。学生の回答はほぼ毎年同じようで，多少表現が変わるものの，次のような感想が並びます。

・難しそうで，嫌い。
・細かいことを覚えるばかりで，苦手。
・がむしゃらに詰め込むばかりで，あまり良い思い出がない。
・常に答えがあって丸暗記するようなお堅いイメージ。
・たくさん覚えることがあって大変。

　いずれの感想もあまり芳しくないようです。中には「ただ覚えるだけだから，単純で，好きだ」とか，「暗記すればテストで点が取れるので得意」などといった肯定派の意見もありますが，英文法と言えば「覚えるだけ」という中核的なイメージには変わりま

1

せん。

　では，あまり芳しくないイメージの「英文法」とは，一体どのようなものを指しているのでしょうか。私たちは，英語という外国語を外国人（非母語話者）として学びます。当然，母語の日本語にはない，音声の聞き取りや発音の仕方，語彙や慣用句，句や文の組み立て方，類義語の使い分けなどを学ばなければなりません。これらはいずれも，**細々とした約束事**で，多くの場合，**納得のいくような理由や説明が見いだせない**ようなものばかりです。こうした細々とした，理由のわからない英語の約束事を，総じて「英文法」と称しているのであろうと思います。そうであれば，上で紹介した学生たちの「細かいことを覚えるばかり」「丸暗記」という文法に対するマイナスの印象が抱かれたとしても不思議ではありません。

　ですが，こうした細々とした約束事を覚えることは，**外国人が英語を外国語として学習するからには避けられません**。英語学習の目的は，何よりも，外国語である英語を読んだり，書いたり，話したり，聞き取ったりすることが出来るようになるためです。**いわゆる「4技能」の力を向上させる**ことです。当然中学や高校などにおける英語学習の初期の段階では，たとえば，see と look は共に「見る」という視覚感覚を表す動詞であるがお互いにどのように違うのか，get が「到着する」という意味を表す時の前置詞は何になるのか，過去形と現在完了形は共に過去に関係しているようだがどのように使い分けるのか，日本語にはない英語の冠詞をどのように正しく使うのか，などといったことを理解し，記憶しなければなりません。このような雑多な約束事を記憶し使えるようになって，英語を読んだり，話したり，書いたり，聞いた

りすることができるようになります。

　細々とした言葉の約束事を記憶するのは，私たち日本人が英語を学習する時に限られたことではありません。**母語以外の外国語を学習する時には，世界中のどこの人たちも，その外国語の細々とした約束事（文法）を記憶しなければなりません。**どこの国の人々も，外国語の文法学習は苦手であり，退屈ですし，教育する立場から見ても，うまく成功しているなどと胸を張れるところはありません。

1.2.　英文法の授業の目標を変える

　私は40数年間大学で英語を教え，その多くの年度で英文法の授業を担当してきました。英文法の授業の目的は，私自身も，学生たちの4技能の向上が図れるように，高校までに学んだ英文法の知識をさらに拡げたり深めたりすることである，と定めていました。教科書として洋書の文法書や少し厚めの和書の文法書を採用しました。こうした教科書は，確かに，高校までに学んだことについてのより詳しい解説や，学んだことのない新しい知識を提供してくれます。教える側の教師は，ここぞとばかりに，「更なる」細々とした文法の知識を，熱を込めて（時として，得意になって）教えていきます。

　しかし，結果は，学生たちが高校までに抱いていた，上で紹介したような英文法に対するマイナス・イメージを一層増幅させ，強固なものにするばかりでした。年度の途中で，学生たちが授業にあまり興味を示していない雰囲気が感じ取れると，教師の方も授業への熱が次第に覚めてしまいます。時には，早くこの授業の

時間が終わらないか，早くこの学年が終わらないか，と心の中で叫んでいました。教師にそうした投げ出したい気持ちが芽生えると，学生たちはそれを敏感に感じ取り，ますます授業が白けてきてしまいます。

　そんな悪循環を毎年繰り返している中で，ある時（ほんの数年前であったろうと思いますが），大学で教える英文法の目的は，高校までの目標——4技能の向上のための「細々した知識」の拡張・増加——とは違うところにあるのではないかと思うようになりました。4技能の向上は，外国語教育の実用的な側面です。外国語教育には，**実用的な側面とは別に，もっと知的な，知力や知性などを鍛えるといった側面がある**のではないか，そうした側面を英文法の教育でも培うことできるのではないか，と考えるようになりました。

　そこで，次のような「大学の英文法」の目標を立てることにしました。

◆ どの言語でも，現象的には混沌としていて無秩序状態のように見えるが，実は規則的で，秩序立っている。英語についてそうした**規則性や秩序を大局的に捉え，ことばの仕組みが実によくできているということを**実感させる。

◆ 混沌の背後に潜む規則性や秩序を捉えるには，**どのように考えればよいかという考え方・思考法を学ぶ。**

　文法教育は4技能の向上という実用的目的に従属するのではなく，独自の，より知的な目標の下で行われるべきであるという文法教育観です。同僚の文学やオーラル英語を教えている先生からは，「今の大学生は文法の知識が本当に乏しい。ちょっと文法的

第1章 英文法のイメージは変わるか　　5

な質問をしても答えられない。文法の授業でもっと文法をきちっと教えて下さいよ」という声が聞こえてきそうですが，そうした先生方が考えている英文法（＝細々とした約束事）の教育を実践してきた結果の反省に基づく再出発ですから，周囲の雑音に惑わされることはありません。

1.3.　実用的目的，教育的目的

　こうした再出発の背中を押してくれたのが，江利川春雄さんが『学校英語教育は何のため？』（ひつじ書房）の中で紹介している「現代外国語教育に関するユネスコ勧告」（1965）です。勧告の中の次の部分を目にした時は，我が意を得たりと大きくうなずきました（太字は筆者）。

○ 現代外国語教育の目的は，**教育的であると同時に実用的である**。現代外国語学習のもたらす**知的訓練**は，その外国語の**実用的使用**を犠牲にしてなされるべきではない。他方，その実用的使用がその外国語の言語的特徴を十分に学習することを妨げてもならない。

○ 現代外国語教育はそれ自体が目的ではなく，その文化的及び人間的側面によって**学習者の精神と人格を訓練し**，より良い国際理解と，民族間の平和的で友好的な協力関係の確立に貢献すべきである。

　江利川さんが強調しているように，**外国語教育の目的には，「教育的目的」と「実用的目的」の二つがあり，両者は密接不可分な関係にある**と言えます。太字の「実用的使用」は実用的目的に当

6

たるのに対して，「知的訓練」「学習者の精神と人格の訓練」は教育的目的に当たります。英文法の教育にも，4技能の向上（そのための「下支え」）という実用的目的と並んで，秩序の発見や思考力の向上，知的訓練などといった教育的目標が掲げられたとしても，少しもおかしくありません。むしろ，いずれか一方だけを目的とするような英語教育，英文法教育は，ユネスコ勧告が掲げる二つの目的の一方だけに偏ることになり，均衡に欠けると言わざるを得ません。中学・高校段階の英文法教育でも，大学の英文法の授業でも，4技能の下支えという実用的目的と並行して，知的訓練，考える力の向上という教育的目的にもう少しウエイトが置かれてもよいように思います。

　実用的目的の英文法授業からの芳しくないイメージを学生たちから払拭するために，大学の英文法では，上の◆で述べたようなもっと知的な教育的目標に力点を置くことにしました。そのことを学生たちに意識化させようと，毎年年度初めに次のような「儀式」を行ってきました。

△（本章の冒頭で見たように）高校までの英文法についてのイメージや感想を書いてもらう。

△次の週の授業で，感想を発表する。印象がだいたい芳しくないことを講評する。

△大学における英文法は，高校までの英文法とは，内容も，目標も，目的も全く異なるので，高校までの英文法をすっかり忘れろ，と大見得を切る。

△昨年度同じ授業を受講した1年生が年度末に書いた授業への感想の一部を紹介し，大学の英文法で行おうとする目標や目

的を自覚させる。

△ そして年度末に，1年間の授業を振り返り，授業内容についての感想や，授業から得たこと，自分の中で変容したことなど，自己評価を書いてもらう。1年間学んだことの成果を意識化させる。

　高校までの英文法とは違う英文法の授業を行うので，これまでの英文法の知識（本当は，英文法に対するイメージ）をすっかり忘れろと〈大見得を切って〉宣言すると同時に，前年度の受講生の感想を紹介することによって，授業の目指す目標の方向に誘導しておきます。

　さて，このようなやり方で授業を行うようになり，学生たちはどのように変容したのでしょうか。英文法に対するマイナスのイメージを多少は払拭することができたでしょうか。あまり成果を得意げに紹介するのは気が引けますし，きっと「鼻につく」とご批判を受けるでしょうから，吹聴するようなことは慎まねばなりませんが，目標としていたことがある程度浸透したことをご理解頂く上で，△ の最後の所に書きました年度末の学生たちの自己評価の中から，感想を2, 3紹介することをお許し戴きます。

・高校の時の文法は，「この文法はこういうものだから，はい覚えてね」ということばかりだったが，この授業では「なぜ」を解決していくことができ，ためになったし，おもしろかった。

・すべての事柄に規則性を見つけ出し，例外を作らないという点が面白かった。「見えない要素が存在している」という考え方が，私にとって1番驚きであった。これまでとは異な

るものの見方を教えてもらえた。
・高校まで習ってきた文法を学ぶ時とは違う頭の使い方をして
　いるなと気付いて驚いた。新しい見方ができるようになった。

　もちろん毎年，どのクラスでもうまくいったわけでありません。
同じクラスの中でも好意的に評価してくれる学生もいれば，もっ
と「文法らしい」授業を行えと批判する学生もいました。ですが
個人的にはある程度の手応えを実感してきています。少なくとも
年度の途中で「早くこの学年が終われ」などと投げ出したい気持
ちになることはありませんでした。

1.4.　中高校で「斜めからの学校英文法」

　少し英文法の話から逸れますが，私は拙著『これからの子ども
たちに伝えたい　ことば・学問・科学の考え方』（開拓社，2015）
の中で，**小学校や中学校などの教育の現場において「正面からの
教育」と同時に「斜めからの教育」を行うことの必要性**を提唱し
たことがあります。「正面からの教育」というのは，日頃学校で
行われているような，教科書に書かれていることを順番に整然と
教え，児童や生徒たちがそれを理解し，記憶し，定着させること
を目指す教育のことです。正面からの教育は，基礎学力を系統的
に育む上で不可欠です。
　それとは別に，教科書を出発点にして教科書の内容とは異なる
方向へ展開させたり，関係した別の教材を用いたりして，児童や
生徒たちに自ら気付かせたり，視点や着想を変えたりする訓練が
必要なように思われます。こうした教育を「斜めからの教育」と

名付けました。子どもたちに新たな発想，独自の視点，問題解決能力などを育む上で，斜めからの教育は，基礎学力を培う正面からの教育に劣らず，大切であろうと思われます。

　我が国の英語教育では，高校までに，膨大な時間を費やし，おびただしいエネルギーを使って，英語の細々とした約束事——「文法」と称せられている知識——を学習してきています。それを理解し記憶することは，上で見た通り，いわゆる4技能を下支えする上で大切なことであり，その文法知識を活用して英語を読んだり，話したり，書いたり，聞き取ったりすることができるようになれば，成功感や達成感を味わうことができます。ですが，膨大な時間とおびただしいエネルギーを使って身に付けた文法の知識を実用的な目的達成のためだけに留めておくのは，何とももったいない気がします。実用的な目的達成のためだけに留めておくのでは，ユネスコ勧告で述べられている二つの外国語教育の目標の内の一方だけを目指しているに過ぎません。外国語教育には，もう一つの知的訓練という教育的目的があるはずです。

　私は，1.3節で述べた通り，大学1年生に「大学の英文法」を実践する中で，その目的を実用的目的から，規則性の発見や思考力の育成という教育的な目的に変更することによって，文法に対するマイナス・イメージを払拭する（少なくとも，軽減させる）ことができるという感触をつかみました。この経験からして，中学や高校における英文法の授業でも，実用的目的だけではなく，教育的目的も念頭に入れて授業を行うならば，中高生の文法に対するイメージももっとポジティブなものになり，英語の授業も，生徒たちに好奇心を駆り立てるようなものにすることができるのではないかという思いに至りました。**実用的目的を目指す英語教**

育を「正面からの英語教育」と呼ぶならば，規則性に気付かせたり知的訓練をしたりする英語教育は「斜めからの英語教育」ということができるかもしれません。せっかく多くのエネルギーを使って身に付けた文法の知識なのですから，正面からの英語教育にも，斜めからの英語教育にも活用したいものです。

　もちろん学校現場では，時間的にも，生徒たちの知識の受容能力からしても，正面からの英語教育で精一杯であることを承知しています。ですから斜めからの英語教育を行う上で大切なことは，教科書や参考書ですでに学んでいる文法項目や文法の知識を最大限活用することです。教育的目的を目指すからと言って，新たな材料を導入するようでは，生徒たちにとって新たな負担が増えることになりますし，実用的目的の授業の時間を圧迫してしまうことになります。正面からの英語教育で学ぶ学校英文法の教材を創造的に活用して，規則性の発見や思考力の育成を目指します。

　もう一つ大切な点は，正面からの教育のように教師が教えて生徒に記憶させるのではなく，生徒が自分の知っている**学校文法の知識を駆使して「考える」姿勢を培うための訓練をする**ことです。教師の役割は，問題を提示して，必要があればヒントを与える程度に留めるのがよいように思います。生徒の考える力を培うのには，少し時間がかかるかもしれません。でも，主体的な取り組みには，英文法に限らずどの教科でも，時間がかかります。そうした訓練を行うのは，頭の働きが柔軟な生徒や学生の時期しかありません。

　こうした「斜めからの学校英文法」は，私の大学における英文法（「大学の斜めからの英文法」と呼べるかもしれません）からの

第1章 英文法のイメージは変わるか　11

手応えと，小学・中学・高校における「斜めからの教育」の勧め
がヒントになったものです。「斜めからの学校英文法」では，**学
校英文法で学ぶ教材を有効に活用して，英語に内在する規則性や
秩序を見つけ出す姿勢を培い，それを通じて，ことばがよくでき
ていることを実感させ，かつ思考力を育んでいくことを，目指し
ていきます。**

　本書で扱われる題材は，高校の英語教科書や参考書で扱われて
いる項目や内容ですので，高校の英語の授業の中で取り上げてみ
ることも，高校生が自分で興味を持って読み進むことも，きっと
できるものと思います。同時に，「正面からの学校英文法」を一
通り学んでいる大学生に，それを高校の授業で学んだ時とは少し
違った見方や角度から見ると——つまり，斜めから見ると——英文
法って実によくできているのだなあとか，結構おもしろいんだな
あ，と実感してもらいたいと思います。

第2章　まずは誰でも知っている5文型から

　まず5文型を取り上げることにしましょう。5文型はどのような教科書でも参考書でも取り上げられているので，高校生ならば誰もがよく知っています（たとえば，Vision, 10-12; Forest, 38-42; Essential, 10-12）。大学生でも英文法というとすぐに5文型を思い浮かべる人がいるほどです。5文型は次の通りです。

(1)　a.　第1文型　　S　V
　　　b.　第2文型　　S　V　C
　　　c.　第3文型　　S　V　O
　　　d.　第4文型　　S　V　O　O
　　　e.　第5文型　　S　V　O　C

　もちろん5文型で英語のすべての文をカバーできるわけではありませんが，中学・高校の英語教科書で用いられている基礎的な動詞であれば，その多くに当てはまるので，中学・高校の英語教育では大変便利です。

第2章 まずは誰でも知っている5文型から   13

2.1. 主語について

　五つの文型からいろいろなことが見えてきます。じっくりと見てください。まず共通点は何でしょうか。第一に，**どの文型もS（主語）があり，Sから始まっています。**あまりにも分かり切っているので見逃しがちですが，これは英語のとても大事な特徴を表しています。どの文型にもSがあるということは，英語の文では主語が不可欠な要素であるということです。日本語と比べてみると，その特徴に気付きます。たとえば，次の（2）のような会話を考えてみましょう。

　　(2)　太郎：　きのう良子さんとどこで会ったの？
　　　　　花子：　渋谷のデパートで（会ったわ）。

太郎の質問には，主語が現れていません。花子の答えにも主語が現れていません。二人の間の会話からして，主語が誰であるかが明らかであるからです。これを英語の会話に替えてみると，次のようになります。

　　(3)　Taro:　Where did you meet Yoshiko yesterday?
　　　　　Hanako:　I met her at the department store in Shibuya.

（2）と同じ状況の下での会話ですから，文の主語が何であるかは明らかなはずですが，（3）の英語では必ず主語を明示しなければなりません。

　では，「あー，良いお天気だ」とか，「とても寒いね」というように天候を述べる時はどうでしょうか。日本語では，主語を補おうとしても，意味的に考えて主語となりそうなものがありません。

事情は英語でも同じですが，そのような場合，次のように，主語として，意味を持っていない，いわゆる「天候の it」を置きます。

(4) a. It is a fine day.
    b. It is very cold.

天候以外にも，時間，距離，状況を表す時にも，意味を持たない it を用います (Vision, 2-8)。

(5) a. What time is it now?
    b. It is about 100km from Tokyo to Atami.
    c. It is very calm and quiet. (とても平穏だ)

意味がないにもかかわらず主語として it を置くのは，**英語では主語が不可欠であり，義務的である**ためです。意味的に主語に相当するものがない場合には，「英語の主語は義務的」という要請を満たすために，意味を持たない it を形式的に置くことになります。そのために，(4)，(5) のような it を「形式的な」it と呼びます。特別な意味を持っていない語という意味で，「虚辞」の it と呼ぶこともあります（虚辞の「虚」は空虚の虚）。英語では，特別な意味がない形式的な（あるいは，虚辞の）it を置いてまでしても「英語の主語は義務的」という要件を満たさなくてはなりません。5 文型のいずれの文型においても共通して S があるのは，その要件を反映したものです。

第2章　まずは誰でも知っている5文型から　　15

```
◇主語の存在
　　・英語では義務的
　　・日本語では随意的
```

　なお，形式的な it は，「それ」という意味の代名詞の it と同じ
形をしていますが，何かを指しているわけではありません。何か
（誰か）を指す代名詞を人称代名詞というので，形式的な it を，
人称代名詞ではないという意味で，「非人称の it」とか「非人称
代名詞」と呼ぶことがあります。また，非人称の it は，It is
clear that he is Swedish. における「予備の it」または「仮主語の
it」と同様に，主語としての形式を整える働きをするので，両者
を合わせて「形式主語」と呼ぶことがありますが，学校文法では
「形式主語」というと，(4), (5) の非人称の it というよりも，「予
備の it」または「仮主語の it」を指すことの方が多いようです。
いずれの意味でも，英語の文で形式主語が用いられるのは，英語
では主語が義務的という要請を満たすためです。

2.2.　動詞について

　(1) の五つの文型には，もう一つ共通している点がありますが，
何でしょうか。そうです，**S（主語）のうしろに V（動詞）があ
る**という点です。一つの文は，主語と述部から成り立っていると
いうことを聞いたことがあると思います。別な言い方をすれば，
文は，主語と述部に大きく分けることができます。したがって，
述部とは主語以外の部分，つまり V を含めたそれより後ろの部

16

分です。述部は，主語について何かを述べる部分という意味です。
五つの文型には共通して V がありますから，どの文型にも述部
があるということです。また，述部は主語と一緒になって文を作
りますから，**V があれば必ず「主語＋述部」から成るまとまり，
つまり文というまとまりが成り立っている**ということです。

◇動詞と文の関係
　・動詞が中心となって述部ができ，述語が主語と一緒
　　になると文を作る。
　・動詞は文構成上の義務的要素であるのだから，動詞
　　があれば必ず文を作る。

2.3.　何によって文型が決まるのか？

　(1) の五つの文型を見ていて，何かほかに気付きませんか。当
たり前と言えば当たり前ですが，S と V が共通していて，それら
に続く部分が異なっているということです。**V がどのような動詞
であるかによって，それに続いて現れる要素が異なり，その相違
に基づいていずれの文型に分けられるかが決まってきます。**V が
swim であれば，主語さえあれば，その後ろに何もなくても，He
swims. のように文として完結するので第 1 文型 (SV)，seem な
らば He seems happy. のように C（補語）を一つ必要とするので
第 2 文型 (SVC)，love ならば She loves the cat. のように O（目
的語）を 1 つ必要とするので第 3 文型 (SVO)，give ならば We
give Mary the book. のように O を二つ（間接目的語と直接目的

語）必要とするので第 4 文型（SVOO），そして believe ならば They believe John honest. のように O と C を必要とするので第 5 文型（SVOC）に，それぞれ分けられます。5 文型の分類は，V に続く要素の組み合わせに掛かっていることが，（1）の五つの文型から分かります。

　ここで特に注目しておく点は，V の後ろに続く要素は，少なければゼロ，**多くてもせいぜい二つ**という点です。V の後に三つも四つも続くわけではありません。ということは，英語の文の仕組みはとても簡単であるということです。動詞の後ろに何も続かないか，一つ続くか，最多でも二つ続くだけです。

　では，動詞の後ろにどのような働きをした要素がいくつ続くかはどのようにして決まるのでしょうか。それは，動詞の意味からです。英語の動詞の意味を日本語で考えれば，どのような要素がいくつ必要であるかがすぐにわかります。love であれば，好きになる相手・対象が必要ですから，O を一つ取ることになります。give であれば，与える相手と与える物が必要ですから，O を二つ取ることになります。believe であれば，何かがどうであると信じるのですから，O と C を取ることになります。

```
◇ 文型の分類
　　・文型は動詞の意味によって決まる。
　　・動詞に続く要素は二つまで。
```

　教科書や参考書の 5 文型の説明では，たとえば第 2 文型（SVC）には，become, seem, smell, taste などの動詞があるとか，第

4 文型（SVOO）には，award, give, send, tell などがあると書いてあるので，それぞれの文型に属する動詞を「丸暗記」していないでしょうか。高校までの教科書に出てくる動詞の数は限られているので，こうした丸暗記でも対応できなくはないですが，暗記していない新たな動詞が出てくるとお手上げです。暗記しなくても，英語の動詞の意味を日本語で考えれば，その動詞がどのような要素をいくつ必要としているかが容易にわかります。そのことに気付けば，「文法は丸暗記科目」というイメージが少しは和らぐのではないでしょうか。

2.4. 修飾語の扱い

（1）の 5 文型から，そこで述べられていないことについても知ることができます。どの文型にも，**修飾語と呼ばれている副詞的な要素については何も述べられていません**。なぜでしょうか。副詞的要素は，文を作る上でなくてはならない要素（義務的要素）ではないからです。付けようと思えば，どの文型の文にも付けることができます。副詞の「副」は，主要ではなく副次的（添え物）という意味です。次の（6）では，下線部の副詞がないとしても英語の正しい文ですので，副詞は義務的な要素ではないことが分かります。また（6）では，5 文型のいずれの文型にも副詞が生じていますから，**副詞はどの文型でも付けようと思えば付けられること**が分かりますね。

(6) a. He swam slowly. （彼はゆっくりと泳いだ）

    b. He looks healthy clearly.

第2章　まずは誰でも知っている5文型から　　19

（見るからに彼は健康そうだ）

c.　He drove a car slowly.

（彼はゆっくりと車を運転した）

d.　He told them the story slowly.

（彼はゆっくりと彼らに話を話した）

e.　He believes Mary honest deeply.

（彼はメアリーを正直だと深く信じている）

　(6) の下線部は -ly が付いた副詞ですが，下記 (7) のように，場所や時を表す前置詞句や名詞句（下線部）も随意的にいずれの文型にも生じることができます。随意的ですから，それぞれの例文から下線部を取り除いたとしても，依然として英語の文として問題がありません。これらの前置詞句や名詞句も副詞的な働きをしています。副詞と副詞的な働きをする前置詞や名詞句などをまとめて「副詞的要素」，学校文法では「修飾語」と呼んでいます。

　(7) a.　He swam slowly in the river.

（彼は川でゆっくりと泳いだ）

b.　He looks healthy clearly these few days.

（彼はここ数日明らかに健康そうだ）

c.　He drove a car slowly in the town.

（彼は街中でゆっくりと車を運転した）

d.　He told them the story slowly yesterday.

（彼は昨日ゆっくりと彼らに話を話した）

e.　He believes Mary honest deeply from the bottom of his heart.

（心から彼はメアリーを正直だと深く信じている）

> ◇副詞的要素
>
>   副詞的要素は，文構成の上で随意的。
>
>   だから，5 文型では触れられない。

　修飾語の働きをする副詞的要素が 5 文型にとって義務的な要素でないとなれば，その有無は動詞の文型分けには関わりがないということになります。そのために，(1) の 5 文型では触れられていないのです。5 文型で言及されていないのは，修飾語が文を作る上で義務的ではなく**随意的な要素**であるということを表しています。

2.5.　助動詞の扱い

　(1) の 5 文型では，He can speak French well. の下線部のような助動詞についても触れていません。学校文法で助動詞というと，多くの場合，can や may，will，should のような語を指しますが (Vision, 36-42)，これらの語は助動詞の中でも，専門的には「法助動詞」と呼ばれているものです。

　助動詞には法助動詞以外にも，完了形の have や進行形の be などがあります。完了形や進行形は，動詞で表される出来事のある局面——「相」と言います——を表現するので，完了形の have や進行形の be などの助動詞を「相助動詞」と呼ぶことがあります。can のような法助動詞も，完了の have のような相助動詞も，共に助動詞であることは，助動詞が関係する文法項目において同じように振る舞うことから分かります。助動詞が関係する文法項目

第2章 まずは誰でも知っている5文型から 21

として，たとえば，Yes-No 疑問文を挙げることができます。
Yes-No 疑問文を作る時には，中学で習ったように，助動詞を主
語の手前に倒置します。Yes-No 疑問文では法助動詞も相助動詞
も主語の手前に倒置されます。

(8) a. Can he speak French well?

（彼はフランス語を上手に話せますか）

b. Has she visited Berlin?

（彼女はベルリンを訪ねたことがありますか）

c. Are they singing the national anthem?

（彼らは国家を歌っているのですか）

(1) の5文型では，助動詞全般について触れられていません。
ということは，すぐ上で見た副詞的要素を同じように，助動詞も
文を作る上で随意的要素ということになります。実際，法助動詞
がない文も，相助動詞がない文も，英語として適格な文です。

(9) a. He speaks French well.

b. She visited Berlin last year.

c. They sing the national anthem every morning.

はたして，本当に助動詞は文を構成する上で随意的な要素なの
でしょうか。助動詞全般の扱いについては，第4章で詳しく見る
ことにします。

第3章 命令文は5文型の例外か

3.1. 命令文は動詞の原形で始まる

文の種類には，平叙文 (1a)，疑問文 (1b)，命令文 (1c)，そして感嘆文 (1d) の4種類があります。

(1) a. We watched the TV program last night.
    (我々は昨晩そのテレビ番組を見た)

  b. Did you watch the TV program?
    (あなたはそのテレビ番組を見ましたか)

  c. Watch the TV program this evening.
    (今晩そのテレビ番組を見なさい)

  d. What a terrible program that is!
    (あれはなんとひどい番組なのだろう)

これらのうち，(1a) の平叙文，(1b) の疑問文，(1d) の感嘆文には主語がありますが，(1c) の**命令文には主語がありません**。実際，命令文について「動詞の原形で文を始める」と解説している

教科書もあります (Vision, 6)。こうした命令文の形が「例外的」であることに,「文は主部と述部とを備えているのが普通であるけれども,主部と述部とがいつも全部備わっているとは限らない。たとえば,命令を表す文の場合は例外で,主部を表さないのが通例である」という具合に,わざわざ注意を促す参考書もあります (Shorter, 1, 傍線は筆者)。

前章で,5文型のどの型にも S が含まれているのは,主語が英語の文にとって不可欠な要素であるという英語の文構成上の重要な特徴を反映しているということを見ました。そして,動詞があれば必ず「主語+述部」というまとまりが成り立っているとも述べました。ですが,(1c) の命令文には主語が見られません。とすると,命令文は「文」と言いながら,文の定義——文は「主語+述部」から成り立つ——に違反しているのでしょうか。あるいは,文は一般的に主語と述部から成り立つのだが,命令文に限り例外的に主語を欠いている,という具合に**命令文を文の例外として扱う必要があるのでしょうか。**

3.2. 主語の存在を証明する

命令文は「命令・依頼・禁止などを表す文」とされています (Essential, 14)。では,命令とか依頼は,誰に対してなされるのでしょうか。言うまでもなく,話しかける相手——つまり,you——に対してです。命令文が使われる状況からして,その主語が誰であるか自明なので表面に現れてこないと考えることができます。実際,命令の対象が話しかけている相手であることをはっきりさせるような状況では,命令文に主語として you が現れることが

あります (Inspire, 52)。

(2) a. Jack, you stay here.
  (ジャック，お前はここにいなさい)

  b. You be quiet. (君は黙っていろ)

　通常主語が見えない命令文でも英語の「文」である以上，**文の定義からして主語があるはず**です。そうだとすれば，命令文に主語が見えないのは，**表面的に現れていないだけ**であろうと想像されます。では，命令文にも潜在的に主語が存在している（であろう）ことを，どのようにすれば証明することができるでしょうか。

　英語の文法現象の中には，ある要素——Y としましょう——の形が，主語——S としましょう——との関係で決まってくるものがあります。S が，たとえば 3 人称・単数・男性の John であれば，Y（たとえば，動詞）もそれに関係した形になるというような現象です。いわゆる三単現の -s 現象が，その典型です。S が 3 人称・単数の名詞で，Y の動詞が現在時制であれば，Y の形が原形に -s が付いた形になります。

(3)　S（主語）… Y…

　こうした現象において，命令文では S に当たる主語が現れていないにもかかわらず，Y の形が特定のもの——上記 (2) のような事実から推測すると，you に関係した形——に限られるならば，命令文の主語 S として you が潜在的に存在していることが証明できます。[1]

---

[1] 命令文の主語が you であるとすると，(3) の Y が be 動詞である場合

第3章 命令文は5文型の例外か 25

3.3. 命令文の再帰代名詞

(3) の Y の形が主語 S との関係で決まってくる現象の一つと
して，**再帰代名詞**を考えてみましょう。再帰代名詞というのは，
主語が行う動作の対象が自分自身である場合に，目的語の位置に
myself や himself のような -self 形の代名詞が現れますが，その
代名詞のことです。たとえば，John が自分自身のことを尊敬し
ているならば，John respects himself. となります。再帰代名詞
の形が，主語 John の形——正確に言うと，その性（男性）・数（単
数）・人称（3 人称）に対応する形——と一致した himself になっ
ています。Mary が自分の体を洗ったならば，Mary washed her-
self. のように，再帰代名詞が 3 人称・単数・女性形の herself に
なります。再帰代名詞の用法に関して，次のような決まりがある
ものと考えられます。

(4) 再帰代名詞の形（性・数・人称）は，主語の形（性・数・
人称）と一致する。

では，主語が見えない命令文に再帰代名詞が現れる場合はどう
でしょうか。参考書にも，命令文に再帰代名詞が現れている例が
挙がっています。命令文の目的語の再帰代名詞は常に yourself
に限られています。

(5) a. Look at yourself in the mirror. (Inspire, 548)

---

are になるのではないかと予想されるかもしれません。実際には，Be quiet.
（静かにしろ）のように，原形の be になります。この点については，27 頁の
注 3 を参照。

（鏡で自分自身を見なさい）

b. Please make yourself at home and help yourself to anything you like.　　　　　　　　　　　(Inspire, 551)

（どうぞくつろいで，お好きなものをお取りください）

　(5) の命令文には主語が現れていませんが，目的語の再帰代名詞が yourself に限られるということは，(4) の再帰代名詞の規則からして，それを決定する主語として you があるということです。命令文に現れる再帰代名詞が yourself に限られるという (5) のような事実から，**命令文にも主語として you が潜在的に存在している**ということが証明できたことになります。

3.4.　命令文の付加疑問文

　もう一つ，(3) の Y の形が主語 S との関係で決まってくるような現象を見ておきましょう。そのような現象として**付加疑問文**を挙げることができます。付加疑問文というのは，John can fly in the sky, can't he? のように，平叙文の後ろに，疑問文の一部が続いているような文です。平叙文で述べたことについて，聞き手に同意を求めようとするものです。平叙文の部分を主節，疑問文の一部の部分を付加節と呼ぶことにしましょう。付加節の主語は，主節の主語と一致します。主節の主語が John であれば，付加節の主語はその代名詞形 he になります。付加疑問文に関して，次のように言うことができます。

　(6)　付加疑問文では，付加節の主語が主節の主語の代名詞形になる。

第3章　命令文は5文型の例外か　　27

では，主語が現れていない命令文に付加節が続く場合，その主語は何になるのでしょうか。少し詳しい学習参考書には，次のような命令文の付加疑問の例が載っています。

(7) a.　Lend me a hand, won't you?　　　　　(Inspire, 48)
　　　　（手を貸してくれますね）

　　 b.　Please sit down, won't you?　　　　　(Forest, 29)
　　　　（座ってくださいね）

付加節の主語が you になっています。*Lend me a hand, won't he? のような，主語が you 以外の付加節は許されません（* は，英語の文として不適格であることを示しています）。命令文には主語が現れていませんが，(6) の付加疑問文の決まりからすると，付加節の主語を決める主節（命令文）の主語が存在していて，しかもそれが you ということになります。(7) のような**命令文の付加疑問**からも，**命令文には主語として you が（潜在的に）存在している**ということが証明できました。[2] この証明の結果は，命令文は話しかけている相手への命令や要請であることや，(2) で見たように時として命令文の主語として you が顕在するという事実とも，矛盾がありません。[3]

─────────────

[2] 参考書には Somebody shut off that faucet.（誰か蛇口を締めて）のような例が挙がっています（江川 (1991: 456)）。「3 人称命令文」と呼ばれるもので，主語が「見せかけの」3 人称ですが，聞き手の中の誰かに命令をしています。そのため，3 人称命令文では主語が 3 人称名詞でも，Everyone shut your mouth.（誰も口を閉じて）のように，目的語の中には 2 人称代名詞の your が現れます（今井・中島 (1978: 43-47)）。

[3] 命令文に続く付加節に won't が生じることからすると，命令文には助動詞 will が含まれていると考えられます。命令文に be 動詞が生じる場合，Be

> ◇命令文の主語
>
> 　命令文には，主語として you が存在（潜在）している。

　多くの場合命令文の表面に主語が現れないのは，命令文の働きが，常に目の前の相手（つまり you）に向かって命令や要請を伝えるからにほかなりません。

　命令文にも，潜在的であれ，主語が存在しているとなると，命令文も文の定義──文は「主語＋述部」の組み合わせから成る──に当てはまっていることになり，命令文を「文」の例外扱いする必要がなくなります。**文法の決まり（規則）は，なるべく例外がない方が望ましいです。**本章の議論から，「文法は例外だらけ」というイメージが，少しは薄らいだのではないでしょうか。

---

quiet.（静かにしろ）のように原形になるのも（24-25 頁，注 1），そのためです。

第 4 章　本当に助動詞は随意的か

4.1.　助動詞を含む文，含まない文

　第 2 章の (1) でみた 5 文型では，助動詞について触れられていませんでした。そのために 2.5 節では，助動詞は，副詞などの修飾語と同様に，文の構成の上であってもなくてもいい要素，つまり随意的な要素であろうと述べました。確かに，助動詞が現れている (1a) も，現れていない (1b) も，英語の文として申し分のない文です。

  (1) a. They can speak French.
        b. They speak French.

　ただし，(1a) の speak と (1b) の speak は同じものというわけではありません。(1a) では，助動詞の後ろに現れているので「原形」であるのに対して，(1b) では現在のことを表している「現在形」です。「**現在形**」とか「**過去形**」の動詞は，学校文法で「**述語動詞**」と呼ばれるもので，原形動詞とは区別されます。述語動

29

詞は，原形動詞が「現在時制」または「過去時制」という時制（テンス）に変化したものです。

現代英語では多くの場合，現在形と原形は同形です。唯一の例外は，（be 動詞を除いて）[1] いわゆる三単現（主語が 3 人称・単数，時制が現在）の場合に，現在形では -s が付いていて，原形とは異なった形になります。それ以外は，一般動詞は原形と現在形が同じ形をしています。なお，時制（テンス）は，過去・現在・未来という「時」とよく似ていますが，時は現在を中心とした時の流れを表す意味的概念であるのに対して，時制は動詞の文法上の形（形式）のことです。英語の時制は現在時制と過去時制の二つだけで，未来時制という時制はありません。He is going to join us. は，未来の「時」を表していますが，is は be 動詞の現在形ですから，時制は現在です。

学校文法の述語動詞の扱いで注目しておきたい点は，（1a）のように**助動詞を含む場合に**，「**助動詞＋原形動詞**」でもって**一つの述語動詞**と見なしている点です（Inspire, 24）。この点を参考書の記述で確認しておきましょう。

(2) 述語動詞の形はその表す「時」によって変化する。動詞 receive の場合，現在「受け取る」ならば receive または receives［主語が 3 人称単数のとき］を，過去に「受け取った」ならば received を使う。can download のよう

---

[1] be 動詞の原形は be ですが，現在形は人称および数に応じて，am，are，is，過去形は was，were になり，原形と現在形・過去形との間に明確な違いがあります。

第 4 章　本当に助動詞は随意的か　　31

に〈助動詞＋動詞〉の形になることもある。[2]（上掲書，24）

　これに従うと述語動詞とは，時制変化した動詞（現在形または過去形の動詞）か，または「助動詞＋原形動詞」のいずれか，ということになります。

　おもしろいことに，たとえ助動詞が含まれていなくても，否定文や疑問文では動詞が現在形または過去形ではなく，原形になります。そして，現在であるか過去であるかは，動詞ではなく，do / does / did によって表されています。たとえば肯定の平叙文 He speaks French. は，否定文では He does not speak French., 疑問文では Does he speak French? となり，どちらでも動詞は原形 speak となり，現在時制であることは does によって表されます（下記 (3a), (3b) の斜線左側）。過去時制の肯定の平叙文 He spoke French. に対する否定文及び疑問文では，時制が did で表され，動詞はやはり原形の speak となります（斜線右側）。

　(3)　a.　He does not speak French. / He did not speak French.

　　　b.　Does he speak French? / Did he speak French?

　これまでに明らかになったことを整理すると，次のようになります。

------

　[2] 現在形，過去形の例に合わせれば can receive となるところ。(2) の引用で can download になっているのは，解説の対象となっている例文でこの表現が用いられているため。

◇ 原形動詞と述語動詞の整理
　① 助動詞を含む文では，動詞は原形になる。
　② 助動詞を含まない文では，動詞は現在形または過去形（述語動詞）になる。
　③ 助動詞を含まない文でも，否定文や疑問文では，動詞が原形になる。
　④ 否定文や疑問文では，動詞の代わりに，do が現在形または過去形になる。

　なぜ動詞は，文の種類によって，述語動詞になったり原形動詞になったりするのでしょうか。

4.2.　すべての述語動詞が「助動詞＋原形動詞」

　上記④で，否定文や疑問文に突如として do が出てきますが，その正体は一体何者なのでしょうか。まずこの点から考えることにしましょう。

　いわゆる三単現の動詞，たとえば looks は，動詞の原形 look に現在時制を表す -s が付いたものです。過去形の looked は，動詞の原形 look に過去時制を表す -ed が付いたものです。**現在形も過去形も，原形動詞と時制を表す要素（時制要素）の二つからできています**。原形動詞に時制要素が付くと，動詞が現在形または過去形に変化します。三単現以外の現在形では，原形と同じ形をしていますが，この場合も原形動詞に「ゼロの」現在時制の要素（下記 (4) では Ø）が付いていると考えられます。不規則変

第 4 章 本当に助動詞は随意的か　　33

化する動詞でも，たとえば hit は，現在形のみならず過去形も原
形と同じであることを思い出してください。三単現以外の現在形
の hit および過去形の hit は，原形の hit にゼロの現在時制また
は過去時制の要素 Ø が付いていると考えられます。

(4)		原形	現在形	過去形
	三人称・単数	look	look-s	look-ed
	それ以外	look	look-Ø	look-ed
	三人称・単数	hit	hit-s	hit-Ø
	それ以外	hit	hit-Ø	hit-Ø

　では，時制要素は何の仲間なのでしょうか。ちょうど未来を表
す will が助動詞であると同じように，基本的に現在や過去を表
す**時制要素も助動詞の一種**であると考えられます。このように考
えることは，(2) で紹介したように，述語動詞が，時制変化した
動詞であるか，または「助動詞＋原形動詞」であるかのいずれか
であることを思い出せば，少しも不自然ではありません。後者が
2 つの要素「助動詞＋原形動詞」から成り立っているのですから，
前者（時制変化した動詞）も「助動詞＋原形動詞」から成り立っ
ていると考えたとしても不思議ではありません。**述語動詞はいず
れも「助動詞＋原形動詞」から成り立っている**，と一般化するこ
とができます。

　will や can のような助動詞を特に「法助動詞」と呼びます（20
頁）。したがって助動詞には，少なくとも，法助動詞と時制要素
の 2 種類があることになります。助動詞と原形動詞から成る述
語動詞は，その助動詞が法助動詞である場合と時制要素である場

合とのいずれか，ということになります。

> ◇述語動詞は「助動詞＋原形動詞」，すなわち
> ・法助動詞＋原形動詞　または
> ・時制要素＋原形動詞

　法助動詞と時制要素はともに助動詞なのですが，一つ重要な点で違っています。その違いは，法助動詞は一つの単語として独り立ちできる（つまり，独立した単語として用いることができる）が，時制要素は独り立ちすることができずに必ず動詞に付着しなければならない，という点です。このような要素を，動詞などに接着する要素なので「接辞」と言います。**接辞である時制要素がすぐ隣の動詞に接着すると，動詞が現在形または過去形に変化**します（32頁②）。現在を表す時制要素を *[-現在]*，過去を表す時制要素を *[-過去]* と記すことにしましょう。ハイフンは，接辞なので必ずその左側に動詞が来る（動詞の右側に接着する）ことを示しています。

　一方，will のような法助動詞は，一つの独立した単語ですので，動詞に接着することはありません。そのために，助動詞がそれに続く動詞に接着することはなく，動詞は原形のままで現れます。法助動詞を含む文では，動詞が原形で現れるのは，そのためです（32頁①）。

　ここで大事なのは，法助動詞を含む文も，含まない文も，等しく助動詞──法助動詞または時制要素──を含んでいるという点です。つまり，**助動詞は文を構成する上で随意的であるのではなく**

第4章　本当に助動詞は随意的か　　35

必須の要素なのです。

(5) a. will　look at the picture（助動詞が法助動詞）　⎫
　　b. *[-現在]* look at the picture（助動詞が現在時制要素）　⎬述語動詞
　　c. *[-過去]* look at the picture（助動詞が過去時制要素）　⎭

4.3.　do / does / did の正体は？

　では，なぜ否定文では動詞が時制変化しないのでしょうか。また，代わりに時制を表す do / does / did が出てくるのでしょうか。ヒントは，否定文には否定要素の not が文中に生じていることです。その not は文中のどこに生じているでしょうか。

　He will not look at the picture. や They must not be noisy. などの否定文を手掛かりに考えてみましょう。not は，will やmust などの法助動詞のすぐ後ろに現れています。そうだとすると，助動詞が時制要素の場合も，not がその後ろに現れると考えることができます。助動詞と not の語順関係を示すと，次のようになります。

(6) a. will　　**not** look at the picture（助動詞が法助動
　　　　　　　　　　　　　　　詞の場合）
　　b. *[-現在]* **not** look at the picture（助動詞が現在時
　　　　　　　　　　　　　　　制要素の場合）
　　c. *[-過去]* **not** look at the picture（助動詞が過去時
　　　　　　　　　　　　　　　制要素の場合）

　いずれの場合も，助動詞と動詞の間に not が介在している点に

注目してください。上で，接辞の *[-現在]* や *[-過去]* は隣接している動詞に接着することを見ました。接辞は独り立ちできないので，動詞に接着したいのですが，否定文ではその間に not が立ちはだかっていて接着することができません。とはいえ，*[-現在]* や *[-過去]* は，接着する相手となる動詞が無くては生きながらえることができません。そこで時制要素を救済するために，意味を持っていない「**形式的な動詞」として do が投入される**ことになります（否定文に生じる do は，本動詞の do とは異なり，意味を持っていません）。ちょうど，14 頁で見たように，「英語には主語が無くてはならない」という要請を満たすために主語として「形式的な it」が挿入されたのによく似ています。時制要素の接着相手となる do が時制要素の前に投入されると，次のようになります。

(7) a. **do** + *[-現在]* not look at the picture
    b. **do** + *[-過去]* not look at the picture

投入された do に接辞の *[-現在]* が接着すると現在形の do または does に，*[-過去]* が接着すると過去形の did になります。これが，否定文に形式的な do / does / did が生じる理由です（32 頁④）。一方，助動詞である時制要素と動詞の間に not が立ちはだかっているために，時制要素は動詞に接着しない（できない）ので，否定文の動詞は原形のままです（32 頁③）。否定文における時制は，動詞ではなく，do / does / did によって表されています。do は，時制要素が接着する動詞の代わりとなる動詞なので代動詞ですが，助動詞である時制要素が接着しているので，助動詞（文法用語では，あまり聞き慣れないですが「迂言的助動詞」

第4章　本当に助動詞は随意的か　　37

と呼ばれます）と見なされるのが一般的です。

```
◇助動詞の do/does/did
    時制要素が動詞に接着できない場合に，それを救済す
  るために投入された代動詞 do が時制変化したもの。
```

　今度は疑問文について考えてみましょう。Yes-No 疑問文では，
Will he look at the picture? や Can he speak French? などから
分かるように，法助動詞が主語の前に倒置されています。そうだ
とすると，助動詞が時制要素の場合も，同じように，時制要素が
主語の手前に倒置されているものと考えられます。倒置された助
動詞と，主語，動詞の配列関係は次のようになります。

(8)　a.　will　　**he** look at the picture（助動詞が法助動詞
　　　　　　　　　　　　　　　　　　　　　　　の場合）

　　　b.　*[-現在]*　**he** look at the picture（助動詞が現在時制
　　　　　　　　　　　　　　　　　　　　　　　要素の場合）

　　　c.　*[-過去]*　**he** look at the picture（助動詞が過去時制
　　　　　　　　　　　　　　　　　　　　　　　要素の場合）

　この疑問文における配列 (8) と，(6) で見た否定文における配
列に，何か共通点はないでしょうか。そう，助動詞と動詞の間に
何かが介在しているという点です。否定文 (6) の場合には太字の
not が介在しているのに対して，疑問文 (8) では太字の主語が介
在しています。この点に気付けば，32 頁の①③④の特徴が疑問
文についても成り立つことが，否定文の場合と同じように説明で

きますね。まず，will のような法助動詞は独り立ちできるので，動詞に接着する必要がありません。そのために，疑問文でも，法助動詞と一緒に生じている動詞は原形のままです（32頁①）。それに対して，*[-現在]* や *[-過去]* のような接辞は，独り立ちできないので動詞に接着したいのですが，その間に主語が立ちはだかっており，接着することができません。そこで接辞を救済するために，形式的な do が投入されます。

(9) a. **Do** + *[-現在]*   he look at the picture
    b. **Do** + *[-過去]*   he look at the picture

　投入された do に接辞の *[-現在]* が接着すると do または does に，*[-過去]* が接着すると did になります。このようにして疑問文にも do / does / did が生じてきます（32頁④）。時制要素は，主語の介在のために動詞に接着できないので，動詞は原形のままでいます（32頁③）。疑問文でも時制が，動詞ではなく，do / does / did によって表されています。

　以上のように，文に法助動詞が含まれていない時には，助動詞として時制要素が含まれています。その時制要素は，否定文や疑問文では do / does / did として現れます。その他の場合（肯定形の平叙文）では，動詞の時制変化（現在形や過去形）の語尾として現れます。法助動詞が含まれていない場合でも，助動詞として時制要素が含まれているとなれば，助動詞は随意的な要素ではなく，文の構成上の必須の要素ということになります。**文には必ず主語と，助動詞と，動詞が含まれている**わけです。

4.4. 不定詞節にも助動詞が含まれているのか

第2章で，動詞が現れれば必ず述部を作ることを見ましたが，I want to swim. の不定詞（下線部）には動詞が原形として現れています。さらに次章（第5章）で見るように，不定詞には「意味上の主語」と呼ばれているものが存在しています。従って，たとえ主語が見えなくても，**不定詞は主語と述部から成る「不定詞節」という節を成している**ことになります。上の下線部の不定詞も不定詞節という節を成しているのです。

ところが，前節の終わりで，文にはさらに，助動詞が必須の要素として含まれると述べました。この主張が正しいとすれば，**不定詞節も「文」であるのですから，主語や動詞ばかりではなく助動詞も含まれているはず**です。不定詞は，第8章で見る動名詞・分詞と共に，学校文法で「準動詞」と呼ばれています。準動詞は，述語動詞とは異なり，時制変化しません。時制変化しない準動詞にも，本当に助動詞が含まれているのでしょうか。含まれているとすれば，準動詞の助動詞とは何なのでしょうか。ここでは，不定詞節の助動詞について考えてみることにしましょう。

不定詞の最も際立った特徴は，to に導かれているということです。この to は，もともと前置詞の to で，「～の方向へ」という意味を表しています。「～の方向へ」ということは，時間でいうと，今のことではなく，これから先のことということになります。実際，不定詞は，基本的に，まだ実現していない，これから先のことを表します（Forest, 168; 詳しくは，第10章を見ること）。たとえば，I want to see Mary. と言えば，不定詞で表されている「メアリーに会う」ということがこれから先実現することを望んでいる

ということであり，そのことは未だ実現はしていません。

　不定詞の to がこれから先のことを表しているとすると，その意味は法助動詞の will とよく似ています。will もこれから先のことを表しています。特に，主語の意志や希望を表す場合に用いられます。こうした意味の点から，不定詞の to は法助動詞の一種と仮定してみることができます。

　では，どのようにしたら，to が法助動詞の一種であるという仮定を証明することができるでしょうか。まず，to に続く動詞と，法助動詞に続く動詞は，それぞれどのような形をしているでしょうか。どちらの場合も共通して，動詞の原形ですね。(10a) では法助動詞 will に続く動詞が原形の attend であり，(10b) では to に続く動詞が同じく原形の attend です。

(10) a. He will attend the meeting.
　　　　（彼は会議に出席するだろう）

　　 b. He wants to attend the meeting.
　　　　（彼は会議に出席したがっている）

不定詞の to も法助動詞であるとすれば，後続する動詞が原形となるのは当然なこととなります。

　もう一つの証拠として，法助動詞はお互いに一緒に起こることはできませんが，to の後ろにも法助動詞が生じることができない，という点を挙げることができます。次の (11a) では法助動詞 will の後ろに別の法助動詞 can が続くことができません。will の後ろで can の意味を表現しようとするならば，法助動詞ではない be able to を用いることになります。同じく (11b) の to の後ろに法助動詞 can が続くことができません。to の後ろで

第4章　本当に助動詞は随意的か　　41

can の意味を表現しようとするならば，この場合も，法助動詞ではない be able to を用いることになります。

(11) a. *He will can watch the TV program.

　　　　　cf. He will be able to watch the TV program.

　　 b. *He wants to can watch the TV program.

　　　　　cf. He wants to be able to watch the TV program.

不定詞の to も法助動詞であるとすれば，(11b) でも (11a) と同様に，二つの法助動詞がつながっていることになります。二つの法助動詞がつながることは許されません。

　さらに，法助動詞と不定詞の to の後ろに完了形や進行形や受動態が続けるかどうか考えてみましょう。完了形の have も，進行形の be も，受動態の be も，すぐ後で見るように，助動詞の働きをしています（それゆえ 2.5 節で「相助動詞」と呼びました）。(11) で見た通り，法助動詞や to の後ろに別の法助動詞が続くことはできませんが，同じ助動詞でも完了形の have や進行形の be や受動態の be など相助動詞ならば，法助動詞や to の後ろに続くことができます。この点でも，不定詞の to は法助動詞と同じです。下記 (12) は，法助動詞 will の後ろに完了の have ((12a))，進行の be ((12b))，受動の be ((12c)) が続いている例です。それと平行するように (13) は，to の後ろに完了の have ((13a))，進行の be ((13b))，受動の be ((13c)) が続いている例です。

(12) a.　He will have finished it by tomorrow.

　　　　　（彼はそれを明日までに終えているだろう）

　　 b.　They will be singing when we enter the room.

（彼らは，我々が部屋に入る時には，歌っているだろう）

c. He will be admired by many people in the future.

（彼は，将来多くの人々に称賛されるだろう）

(13) a. He wants to have finished it by tomorrow.

（彼は明日までに終了したがっている）

b. They want to be singing when we enter the room.

（彼らは，我々が部屋に入った時に，歌っているのを望んでいる）

c. He wants to be admired by many people.

（彼は，多くの人々に称賛されたがっている）

　上で，不定詞の to は法助動詞の will と同じように，「これから先のこと」という意味を表すと述べました。「これから先のこと」とは，未だ実現していないこと，つまり「未実現」のことです。[3] 法助動詞は，will に限らず，全般的に未実現のことを表します。たとえば can は，「～することができる」という能力を表すことも，「～ということがありうる」という可能性を表すこともできます。能力を持っていても実際に行わなければ実現していませんし，可能性もあくまでも可能性であり実現していません。may も，「～してもいい」という許可を表すことも，「～かもしれない」という推測を表すこともできます。許可も推測も，現実に実現したことではありません。法助動詞は全般に「未実現」のことを表し，不定詞の to もこれから先のことを表しますから，

---

[3] 筆者は従来，unrealized の訳語として「非実現」を用いてきましたが，本書ではそれに類似した「非現実」という用語を用いるので，視覚的混乱を避けるために「未実現」という用語を用いていきます。

未実現のことを表しています (Forest, 164)。

以上見てきた to と法助動詞の類似性を整理すると，次のようになります。

(14)

	法助動詞	不定詞の to
a. 意味	未実現	未実現
b. 後続動詞の形	原形 (will swim)	原形 (to swim)
c. 法助動詞との共起	不可 (*will can swim)	不可 (*to can swim)
d. 相助動詞との共起	可 (will have swum)	可 (to have swum)

以上のように，不定詞の to はいろいろな点で法助動詞と同じように振る舞います。したがって，両者は同じ類（つまり，法助動詞）に属しているものと考えられます。なお，法助動詞は疑問文を作る時に，Will he swim? のように，主語の前に倒置されるということを見ましたが，to が主語の前に倒置されるとは考えられません。He wants to swim. の to が主語の手前に倒置して，*To he wants swim? などということなど起こり得ません。ですが，法助動詞の倒置が起こるのは主節において疑問文が作られる場合です。従属節で疑問文が作られる場合（つまり，間接疑問文）には，助動詞の倒置が起こりません。I wonder whether he can speak French. を参照。不定詞が不定詞節という節を作る場合は，その節は，必ず主節の動詞の後ろに続く従属節です。He wants to swim. は不定詞節を従属節として含む複文です。不定詞が生じるのは常に従属節ですから，to が倒置するなどという事態は起こりません。

また，否定文を作る時には，He will not see her. のように，not が助動詞の直後に置かれることを見ました（35頁）。不定詞を

44

否定する場合には，to の手前に置かれるのが学校文法では標準
的とされていますが（次の (15), (16) の (a) を参照），to の直後に
置かれてもよいとする研究報告が多々あります ((15), (16) の (b))。
この点も，あまり大きな問題にはなりません。

(15) a. It is important not to be foolish.

（馬鹿げていないことが重要だ）

b. It is important to not be foolish.

(Culicover (1999: 153–154))

(16) a. I want John not to have left.

（ジョンには出発していないでいてもらいたい）

b. I want John to not have left.

(Williams (1994: 169))

◇ 不定詞の **to** は法助動詞の一種である。

4.5. 相助動詞

上で，完了形の have も，進行形の be も，受動態の be も，助
動詞の働きをしていると述べました。助動詞の働きをしているこ
とを示すには，どのような証拠を挙げればよいでしょうか。も
う，答えは容易であろうと思います。「助動詞」が関係するような
文法の現象を，完了形や進行形に当てはめてみればよいのです。
　一つは否定文です。否定文を作るには，not を助動詞の直後に
置くのでした。完了形や進行形や受動態の否定文を作ってみま
しょう。have や be の直後に not を入れればいいですね。have

や be が助動詞であることの証拠になります。

(17) a.　He has not seen a lion yet.

　　　　（彼は未だライオンを見たことがない）

　　　b.　She is not studying hard.

　　　　（彼女はまじめに勉強していない）

　　　c.　He is not admired by any student.

　　　　（彼はどの学生にも尊敬されていない）

　もう一つは疑問文です。Yes-No 疑問文を作るには，助動詞を
主語の前に倒置するのでしたね。完了形や進行形や受動態の疑問
文を作るには，have や be を主語の手前に倒置します。これも，
have や be が助動詞の働きをしていることの証拠です。

(18) a.　Has he seen a lion?

　　　b.　Is she studying hard?

　　　c.　Is he admired by any student?

　完了形の have も進行形の be も受動態の be も，法助動詞と同
様に助動詞であるとなると，will のような法助動詞の後ろには，
続くことができる助動詞（have と be）とできない助動詞（法助
動詞）があることになります（上記 (11)-(13) を参照）。さらに，
do / does / did も助動詞であるとすると（36 頁），これらの助動詞
も法助動詞に続くことができません（*He will does not swim. を参
照）。こうしたやや複雑なことが，不定詞の to の後ろについても
全く同じように当てはまります。上記 (11)-(13) でみたように，
不定詞 to の後ろに法助動詞は続けませんが，完了や進行，受動
の助動詞は続くことができます。完了や進行のことを正確には完

46

了相とか進行相と言いますので，完了の have や進行の be を「相助動詞」と呼んでいます（20頁）。不定詞の to の後ろには，do / does / did も続くことができません（*to do not dance を参照）。複雑なことが，法助動詞と不定詞の to の両方について同じように当てはまるのですから，両者は同じ類（つまり，法助動詞）に属していると考えなくてはなりません。

◇助動詞の種類

    （1）法助動詞

    （2）時制要素

    （3）相助動詞

    （4）不定詞の to（（1）の法助動詞の一種）

　相助動詞が，ある時は他の助動詞と同じように振る舞い，ある時は助動詞らしからぬ振る舞いをすることについては，7.4 節を参照。

4.6.　知覚動詞・使役動詞に続く「原形不定詞」にも助動詞があるのか？

　不定詞には，to 不定詞のほかに，**知覚動詞や使役動詞に続く「原形不定詞」**があります。see, feel, hear, notice などの知覚動詞や，make, let, have などの使役動詞の後ろには，to 無しの原形不定詞が続きます。

(19) a.　I saw the baby *fall* down.

（赤ん坊が落ちるのを見た）

b. I heard someone *scream*.

（誰かが叫ぶのを聞いた）

(20) a. The teacher made the student *stand* outside of the room.

（先生はその学生を部屋の外に立たせた）

b. He let the girl *sing* her favorite songs for a long time.

（彼はその少女に長時間好きな歌を歌わせた）

　学校文法では，不定詞の前の名詞句を動詞の目的語 O と見なし，SVOC の第 5 文型に属すると見なすのが一般的なようです。ですが意味的に考えると，「O＋不定詞」で表される出来事や事態を知覚するとか，そうした事態を引き起こすと理解されます。(19a) ならば，「赤ん坊が転ぶ」という事態を見るという意味ですし，(20a) ならば「学生が部屋の外で立っている」という事態を作り出す（引き起こす）という意味です。つまり，O がそれに続く不定詞の主語に当たり，不定詞がその述部に当たり，**O＋不定詞で一つの節を成している**のです。こうした捉え方は，知覚動詞や使役動詞に続く「O＋不定詞」ばかりではなく，SVOC 全般について当てはまるかもしれません。I think John happy. ならば，I think that John is happy. におけると同様に，O の John と C の happy でもって節を形成しており，しかもその節には接続詞の that や動詞の be がないので**小さな節（小節）**と呼びます。知覚動詞や使役動詞に続く「O＋不定詞」は小節を成しているという考え方です。あまりその証明に深入りしませんが，たとえば

see という知覚動詞であれば，I saw the scenery.（私はその光景を見た）というふうに目的語を一つ伴う SVO の文型を取りますが，(19a) のような知覚動詞文についても，この考え方に従えば，「主語（the baby）＋述部（fall down）」から成る名詞節（小節）を一つ取る SVO 型として分析することができます。

また，「O＋C」の O として，I have never seen *there* be so many audiences.（そんなにたくさん聴衆がいるのを見たことがない）とか I heard *it* thundering.（雷が鳴っているのを聞いた）のように，存在の there や天候の it が現れることができます。存在の there は存在を表す be 動詞に対する主語であり（There are so many audiences. を参照），また天候の it は天候を表す動詞に対する主語です（It thunders. を参照）から，その there や it は be 動詞や天候動詞の主語であり，知覚動詞の O とは見なせません。

そこで，知覚動詞や使役動詞に続く「名詞句＋原形不定詞」も小さな節を成しているとすると，その**小節も節なのですから，やはり助動詞がなくてはなりません**。ですが，それらしきものが見当たりません。困りましたね。

しかし，知覚動詞や使役動詞に続く不定詞にも to が含まれていることを匂わせるような事実があります。含まれているとすれば，上で見た通り，to は法助動詞の一種ですから，原形不定詞にも助動詞が含まれていることになります。そのような事実の一つとして，知覚動詞に近い know（見たり聞いたりして知っている）や使役動詞に近い help（手伝って～させる）が「名詞句＋不定詞」を伴う時に，随意的に不定詞の前に to が現れることがあります。

(21) a. I have never known John (**to**) tell a lie.

（ジョンが嘘をつくなどと聞いたことがない）

b. He helped the students (**to**) complete their work.

（彼は学生たちが仕事を完了するのを手伝った）

不定詞節に to が存在していながら，ときおり（知覚や使役の意味がはっきりしているときに）姿を隠すのです。

　to の存在を匂わせるもう一つの事実は，よく知られているように，知覚動詞や使役動詞が受身になると，to が現れます。隠れていた to が，我慢できずに姿を現してくるのです。

(22) a. The baby was seen **to** fall down.

（赤ん坊が落ちるのを見られた）

b. The student was made **to** stand outside of the room.

（その学生が部屋の外に立たされた）

　以上のように，原形不定詞にも to が含まれている（隠れている）とすれば，「名詞句＋不定詞」から成る小さな節にも助動詞として to が含まれていることになり，**節であればどのような節でも，例外なく，主語と，助動詞と，動詞を含んでいる**ことになります。そして不定詞の部分に to が隠れているのであれば，そこに現れる動詞が原形になるのは，当然と言えます。文法の規則には，なるべく例外がないほうが望ましいのです。

◇**文構成の必須要素**

　どのような文（節）にも，主語と助動詞と動詞が含まれている。

第5章 「見えない」意味上の主語は見えないだけか？

　表面的に主語が現れない文（または，節）として，第3章で見た命令文以外にも，不定詞節があります。不定詞節というのは，to 不定詞を含む文（節）のことです。

　教科書で不定詞が扱われると，必ず「不定詞の意味上の主語」についての説明があります（Vision, 54; Inspire, 199; Forest, 182-184）。次の（1）では不定詞の意味上の主語が for の後ろに現れていますが，（2）では不定詞の意味上の主語が見えません。

(1) a. They arranged for us to stay here.

　　　　（彼らは我々がここに滞在できるように取り計らった）

　　 b. John longs for Mary to arrive in time.

　　　　（ジョンはメアリーが間に合うよう到着することが望んでいる）

(2) a. Bill tried to speak slowly.

　　　　（ビルはゆっくりと話すように努めた）

50

第 5 章 「見えない」意味上の主語は見えないだけか？ 51

b. She wants to eat sushi.

（彼女は寿司を食べたがっている）

（1）の下線部では，主語と述部（不定詞の部分）の両方が揃っており，述部には動詞が含まれています。さらに，前章で見た通り，to が法助動詞であるとすれば，助動詞も備えています。文（節）に必須な主語，動詞，助動詞を備えていますから，まぎれもなく文（節）を成していると言えます。不定詞を中心として成り立っている節なので，不定詞節と呼んでいきます。

ところが，（2）の下線部には，（1）と同様に不定詞が現れていますが，主語が現れていません。2.4 節で，動詞が一つ現れると文（節）を一つ構成するということを見ました。さらに前章で助動詞と見なした to が現れています。（2）の下線部にも動詞と助動詞が現れているのですから，（1）の下線部と同様に不定詞節を構成するはずです。第 2 章の 5 文型でも見たように，節が成り立つには主語が不可欠ですが，（2）の不定詞節には主語が現れていません。（2）のような不定詞節は，文の定義の例外なのでしょうか。

なお，学校文法では，They hope *that we will stay here.* のように，主節の一部（目的語）として現れている that 節（斜体部）については名詞的な従属節であると見なし（Departure, 64），全体が複文であることをはっきりと認めていますが，（1）の例文のように主節の一部として不定詞節が現れている場合には，それを従属節と見なすことも，全体が複文であることも，あまり明確に認めることはしていないようです。ですが，「主語＋述部」が揃えば節を成すわけですから，述部が不定詞であっても不定詞節とい

う節を成しており，それを従属節として持つ（1）のような文は複文と言えます。（2）についても下線部が「主語＋述部」から成る節であることが証明されれば，（2a）も（2b）も不定詞節を従属節として持つ複文です。

5.1. 「見えない」意味上の主語

（2a）の不定詞が表す行為（「ゆっくりと話す」）を行う人が誰かと問われれば，すぐに主節の主語 Bill であると答えることができます。これが教科書などで言われている「不定詞の意味上の主語」です。「意味上の主語」という言い方からして，たとえ見えなくても，意味的に主語が存在していることを匂わせています。

では，どのようなことを示せれば「見えない主語」の存在を証明することができるでしょうか。まず，不定詞を伴う動詞の中には，wish, desire, want, need, hope などのように，不定詞の意味上の主語が主節の主語と異なる場合には for の後ろに主語が現れ（下記（3），（4）の（a）），同じである場合には姿を現さない（下記（3），（4）の（b））ものがあります。

(3) a. Sue wishes for everyone to be happy.

   （スーは，みんなが幸せであることを望んでいる）

 b. Sue wishes to be happy.

   （スーは，幸せであることを望んでいる）

(4) a. Bill desires for them to be honest men.

   （ビルは，彼らが正直な人であってほしいと願っている）

 b. Bill desires to be a honest man.

第5章 「見えない」意味上の主語は見えないだけか？　　53

（ビルは，正直な人でありたいと願っている）

　(3)，(4) の (a) と (b) では同じ動詞 (wish または desire) が
用いられており，(a) には不定詞の主語 (everyone や them) が
あるのですから，(b) にもあると考えるのが自然です。ちょうど
命令文には表面的に主語が現れていないが実際には存在（潜在）
しているのと同じように，(b) でも主語が存在するのですが，見
えないだけ，と考えることができます。なお，(3a)，(4a) の不
定詞主語の前にある for が取り除かれることもあります（話し手
によっては，下記 (3c)，(4c) のように，for が取り除かれるほう
が自然な英語であると感じられます）。

(3) c.　Sue wishes everyone to be happy.

(4) c.　Bill desires them to be honest men.

　学校文法では，(3)，(4) の (a) のように for がある場合には
SVO（O が不定詞節），(c) のように for がない場合には SVOC
と見なされるものと思います。(3) についていえば，everyone
は (a) では従属節（不定詞節）の主語ですが，(c) では主節の O
（目的語）ということになります。この点に関しては 10.4 節で詳
しく見ます。

5.2.　見えない主語は代名詞

　では，(3b)，(4b) の「見えない主語」の正体は何なのでしょう
か。「見えない主語」は，意味的に主節の主語のことなのですか
ら，(3b) ならば Sue，(4b) ならば Bill です。同じ名詞が繰り返

54

されると，後から出てくる名詞は代名詞形になるので，（3b）ならば Sue の代名詞形の she，（4b）ならば Bill の代名詞形の he が「見えない主語」として潜在していることになります。見えない代名詞を白抜き字で示すと，（3b），（4b）の文は次のようになります。[^1] [　] は，この部分が従属節であることを示しています。

(3) b′. Sue wishes [she to be happy].

(4) b′. Bill desires [he to be a honest man].

　従属節の [　] の箇所は，「見えない主語」と不定詞の述部とが揃っており，文の定義——文は「主語＋述部」の組み合わせから成る——を満たしています。したがって，もはや文の例外扱いする必要がありません。さらに，文の必須要素である助動詞の to も揃っています。

　命令文の「見えない主語」の存在を証明するのに用いられた議論（3.3 節，3.4 節）を，不定詞の「見えない主語」にも当てはめることはできないでしょうか。再帰代名詞に関して，第 3 章の（4）で，再帰代名詞の形は主語の形と一致することを見ました。形というのは，正確に言うと，文法上の性・数・人称に基づく形です。そのことを頭に入れて，次のような再帰代名詞を含む複文を見てみましょう。

(5) a.　John wishes [for Mary to make herself at home].
　　　　（ジョンは，メアリーがくつろぐように望んでいる）

　　b. *John wishes [for Mary to make himself at home].

[^1]: 専門書では，「見えない代名詞の主語」を PRO と書くことがあります。PRO は pronoun（代名詞）の頭の部分を取ったものです。

第5章 「見えない」意味上の主語は見えないだけか？ 55

　主語として主節の主語 John と従属節の主語 Mary がありますが，再帰代名詞（の性・数・人称）が従属節の主語 Mary（のそれら）と一致している（5a）は正しい文ですが，主節の主語 John と一致している（5b）は正しい文ではありません。とすると，再帰代名詞は主語の中でも，同じ節の中の主語と一致しなければならないことになります。これは，再帰代名詞は主語の行う行為がその対象（つまり目的語）に対して行われることを表しているのですから　当然なことと言えましょう。第3章の（4）は，正確には，次の（6）のように修正されます。

(6)　再帰代名詞の形（性・数・人称）は，同じ節の主語の形（性・数・人称）と一致する。

　では，主語が見えない不定詞の節が再帰代名詞を含む場合について考えてみましょう。

(7)　Sue wishes [she to make herself at home].
(8)　Bill desires [he to wash himself].

　もし従属節の主語として見えない主語（白抜き字）が存在していないとすると，従属節内の再帰代名詞は，同じ節ではない主節の主語と一致していることになります。これは，（6）に違反しています。一方，従属節にも主語が「見えない代名詞」として存在しているならば，再帰代名詞は従属節の主語と一致しており，（6）の要請を満たしています。主語が見えない不定詞節に生じる再帰代名詞に関する議論は，再帰代名詞の決まりである（6）との関係で，「見えない主語」が存在していることを証明しています。

5.3. 見えない主語の先行詞──最短距離の原則

教科書で扱われる「見えない」意味上の主語の問題は，たいがい，(3b) や (4b) のような主節の主語である場合です。では，次のような文の，不定詞の意味上の主語は何でしょうか。

(9) a. John persuaded Mary to join the party.

（ジョンはメアリーに，パーティーに加わるように説得した）

b. My parents won't allow me to study abroad.

(Vision, 54)

（両親は私に，留学することなど許可しないだろう）

動詞の直後の Mary や me は説得したり許可したりする相手ですから，不定詞節の主語というよりも主節の動詞の間接目的語です。そのことは，(9a) と同様に persuaded が用いられている John persuaded **Mary** that she should join the party. のような文において，動詞の直後の Mary が従属節の主語ではなく，その外にあって主節の動詞の間接目的語であることからも分かります。そうだとすると，(9a) や (9b) の不定詞（下線部）も「見えない主語」を持っていることになります。(9a) で，パーティーに加わるのは誰かと問われれば，すぐに間接目的語の Mary であると答えられます。(9b) で，留学を望んでいるのは誰かと問われれば，すぐに間接目的語の me であると答えられます。これらが不定詞の意味上の主語です。したがって，(9) では，意味上の主語が主節の主語ではなく，間接目的語ということになります。見えない代名詞を白抜き字で補って示すと，次のようになります。

第5章 「見えない」意味上の主語は見えないだけか？ 57

(9) a´. John persuaded Mary [she to join the party].
　　b´. My parents allowed me [I to study abroad].

　不定詞の従属節の主語として代名詞が「隠れている」と仮定することは，上で見たように persuade のような動詞が従属節として that 節を伴う場合（John persuaded Mary that she should join the party.），その節の主語として間接目的語と同じ人を指す代名詞が現れていることからも無理がないものと思われます。

　では，(3b)，(4b) のように主節の主語が意味上の主語の場合（つまり，主語が，見えない代名詞の先行詞である場合）と，(9a)，(9b) のように主節の間接目的語が意味上の主語の場合（つまり，間接目的語が，見えない代名詞の先行詞である場合）と，何か共通性はあるでしょうか。

　見えない代名詞は代名詞ですから，それが指している名詞——つまり，先行詞——を探し求めます。(3b)，(4b) では，主節の中に先行詞になり得る名詞が主語しかありません。それが見えない代名詞にとって「一番近い」名詞です。一方，(9a)，(9b) では，主節の中に名詞として主語（John または My parents）と間接目的語（Mary または me）の二つがありますが，間接目的語のほうが見えない代名詞にとって「一番近い」名詞です。共通して，見えない代名詞にとって「一番近い」名詞が，その先行詞になっています。そこで，不定詞の意味上の主語に関して次のような決まりが成り立ちます。

58

> ◇ 〈最短距離の原則〉
>   不定詞の意味上の主語は，主節内でそれにとって一番
>   近い所の名詞である。

　見えない意味上の主語の先行詞は，時には主節の主語，時には
主節の間接目的語という具合に一定していないようですが，実は
最短距離の原則に定めるように，一定しているのです。見えない
主語にとって「最短の」ところにある名詞が意味上の主語になる
ので，この決まりを「最短距離の原則」と呼ぶことにしましょう。[2]
事例ごとに，意味上の主語は何であるかを述べるのではなく，不
定詞には見えない代名詞が潜んでいると考えることによって，そ
の代名詞の先行詞が何であるかを「最短距離の原則」に基づいて
決める（解釈する）ことができるようになります。

　なお，(9a) や (9b) の文は，表面的には I believe John to be
a spy. と同じ型（S + V + O + to 不定詞）に属しています。5 文型
でいえば，すぐ上の believe を含む文が SVOC（第 5 文型）に属
すると同じように，(9a) や (9b) も SVOC（第 5 文型）に属する
と考えられるかもしれません。しかし persuade や allow に続く
O は間接目的語，to 不定詞は直接目的語であり，5 文型で言え
ば SVOO（第 4 文型）と考えるほうが適当です。実際 allow な
どは His boss allowed John no rest.（彼の上司はジョンに休憩を許

---

　[2] 動詞 promise は「S + V + O + to 不定詞」の形を取りますが，例外的に，
O ではなく S が見えない主語の先行詞になります。次例では，主節の主語
John が不定詞の主語の先行詞です。

　(i)　John promised Mary to give her a birthday present.

第5章 「見えない」意味上の主語は見えないだけか？　　59

さなかった）のように SVOO の文型を取ります。believe 類と
(9a) や (9b) の persuade 類の相違については第 10 章で詳しく
見ます。

5.4.　主語の位置の不定詞

不定詞節は，これまで見てきたように，主節の動詞の目的語の
位置に現れるばかりではなく，主語の位置に現れることもありま
す。主語の位置に現れる場合でも，下記 (10) のように主語が
for の後ろに明示されることもあれば，(11) のように姿を現さ
ないこともあります。

(10) a.　For us to take part in the discussion eagerly is very
　　　　important.

　　　　（我々が熱心に議論に加わることは極めて重要だ）

　　　b.　For Mary to be a good teacher requires her much
　　　　energy and passion.

　　　　（メアリーが良い先生になるには，彼女にたくさんのエネル
　　　　ギーと情熱が要請される）

(11) a.　To take part in the discussion eagerly is very im-
　　　　portant.

　　　　（熱心に議論に加わることは極めて重要だ）

　　　b.　To be a good teacher requires much energy and
　　　　passion.

　　　　（いい先生になるにはたくさんのエネルギーと情熱が要請さ
　　　　れる）

(11) のように，主語の位置にある不定詞の意味上の主語が姿を現していない時には，主語は「人は誰でも」とか「一般的に人は」などのように，「不特定の人々」と解釈されるのが一般的です。そこで，そのような意味を持った「見えない代名詞」が潜んでいるものと考えられます。このように考えれば，(11) においても，(10) におけると同様に，不定詞節が「主語＋述部」から成り立っていることになります。

不定詞節が主語の位置にある場合でも，述部の中に名詞句や前置詞句が現れていれば，多くの場合，それが不定詞の見えない主語の先行詞となります。次の (12) では，上記 (11) の例文の述部に前置詞句または名詞句（下線部）が加わりましたが，それが不定詞節の意味上の主語の働きをしています。(12a) では，主語のところにある不定詞 To take part in 〜 の意味上の主語は，主節の形容詞 important の後ろに生じている to the labors の中の名詞句 the labors です。(12b) では，主語のところにある不定詞 To be a good teacher の意味上の主語は，主節の動詞 require の後ろに生じている名詞句 Mary です。

(12) a. To take part in the discussion eagerly is very important to the labors.
（熱心に議論に加わることは，労働者にとって極めて重要だ）

b. To be a good teacher requires Mary much energy and passion.
（いい先生になるには，メアリーにたくさんのエネルギーと情熱が要請される）

述部内の名詞句が主語位置にある不定詞の意味上の主語になる

第5章 「見えない」意味上の主語は見えないだけか？　　61

となれば，(11) で主語位置にある不定詞の意味上の主語が「不特定の人々」と解釈されるのは，(11) でも，(12) の下線部に相当する位置に everyone や any people のような「不特定の人々」を表す名詞句が潜んでおり，それが意味上の主語の先行詞となっていると考えることができます。(12) において，主節の述部内の名詞句が主語位置にある不定詞の意味上の主語の先行詞であると同様に，(13) においても主節の述部内に不特定の人々を表す everyone や any people が潜んでいて（白抜き字），それが主語位置にある不定詞の意味上の主語の先行詞として働いているものと考えられます。それゆえに，見えない意味上の主語が「不特定の人々」と解釈されるわけです。

(13) a. For them to take part in the discussion eagerly is very important for everyone.[3]

（議論に熱心に加わることは，誰にとっても極めて大切だ）

b. For them to be a good teacher requires all much energy and passion.

（いい先生になるには，誰にもたくさんのエネルギーと情熱が要請される）

不定詞節が SVC の C の位置にも現れますが，この場合も意味上の主語が，下記 (14a) のように for の後ろに明示されることもありますし，(14b)，(14c) のように姿を現さないこともあり

---

[3] every は，伝統的に単数扱いされますが，その代名詞が男性の he になるのか女性の she になるのかという性の問題が出てきます。それを避けるために，最近では「単数の they」（元来複数代名詞の they を単数として扱う）を使う傾向があります。

ます。姿を現していない時には，上で見た主語の位置の不定詞節
と同様に，意味上の主語は不特定の人々を指すか，主語の中に先
行詞となり得る名詞句が含まれていればそれが意味上の主語の先
行詞となります。

(14) a. The possibility is for antibiotics to conquer tubercu-
losis completely.
(可能性は，抗生物質が結核を根絶することだ)

b. The hope is to conquer tuberculosis completely by
the end of this century.
(希望は，今世紀末までに結核を根絶することだ)

c. The doctor's hope is to conquer tuberculosis com-
pletely by the end of this century.
(その医師の希望は，今世紀末までに完全に結核を根絶する
ことだ)

(14b) と (14c) の違いは，主語の名詞句の一部として不定詞
節の意味上の主語の先行詞となり得る名詞句が現れているか否か
の違いです。(14b) には現れていないので，不定詞の意味上の主
語は「誰かが」という不特定の人であるのに対して，(14c) では
主語の一部として the doctor が現れているので，それが見えな
い意味上の主語の先行詞となっています。

第6章　原則はどのような場合に当てはまり，どのような場合に当てはまらないか

6.1.　3用法と意味上の主語

　どの教科書や参考書でも，不定詞が扱われる箇所では，必ず不定詞に名詞的用法，形容詞的用法，副詞的用法の3用法があることに触れています。名詞的用法とは，普通の名詞が現れるような位置，すなわち，動詞の目的語の位置や，主語の位置，主格補語などの位置に現れている不定詞節のことです。前章で見た不定詞節は，いずれも名詞的用法の不定詞節です。不定詞の形容詞的用法とは，普通の形容詞と同じように名詞を修飾している不定詞節のことを，また副詞的用法とは，普通の副詞と同じように動詞句または文全体を修飾している不定詞節のことです。名詞的用法において意味上の主語が for の後ろに現れる場合と姿を現さない場合があるのと同じように，形容詞的用法でも副詞的用法でも，意味上の主語が顕在的に現れる場合と現れない場合があります。

　ところが，顕在的に現れていない場合，前章の名詞的用法について見た「最短距離の原則」が，不定詞の用法によって当てはま

63

らない場合があります。どのような用法で当てはまらないので
しょうか。当てはまる用法と当てはまらない用法との間にどのよ
うな違いがあるのでしょうか。まず形容詞的用法から見て行きま
しょう。

6.2.　形容詞的用法の不定詞節

　形容詞的用法の不定詞節として，教科書には次のような例が挙
がっています（Vision, 52）。

(1) a.　Luckily, he had friends to help him.

　　　　（幸いにも，彼には手助けしてくれる友がいる）

　　b.　I have a lot of things to do today.

　　　　（私には，今日行うべきたくさんのことがある）

　　c.　Bring a notebook and something to write with.

　　　　（ノートと筆記具を持ってきなさい）

　　d.　I made a promise to go to the movies with her.

　　　　（彼女と映画を見に行く約束をした）

　教科書などでは，(a)–(c) については「不定詞が直前の(代)名
詞を修飾」し，(d) については「不定詞が直前の名詞の具体的な
内容を説明」すると解説されています（上掲書）。それぞれの例文
の意味上の主語を見る前に，不定詞節の主語が単語として顕在し
ている例を見ておきましょう。下記 (2) の (a), (b) は「不定詞
が直前の(代)名詞を修飾」している例，(c) は「不定詞が直前の
名詞の具体的な内容を説明」している例です。

第6章 原則はどのような場合に当てはまり，どのような場合に当てはまらないか　65

(2) a. The man for you to help is John.

　　（あなたが手伝う人はジョンだ）

　　b. This is a good pencil for children to write letters with.

　　（これは，子ども達が手紙を書くのに適した鉛筆だ）

　　c. The requirement for students to follow the school regulations has not always been observed.

　　（学生は校則に従うべきだという要請は，必ずしも守られていない）

　(2)で意味上の主語が顕示されている箇所に（1）では姿が見えないのですから，（1）では不定詞節の主語として見えない意味上の主語が隠れていると考えることができます。

　同じ形容詞的不定詞節のうち「**不定詞が直前の(代)名詞を修飾**」**している不定詞節は，関係詞節と同じ働きをしており，直前の先行詞を修飾する関係詞節のことにほかなりません**。(1)の不定詞節の部分を，次例の下線部のように関係詞節で書き換えることができます。

(3) a. Luckily, he had friends who helped him.

　　b. I have a lot of things which I will do today.

　　c. Bring a notebook and something that you write with.

　こうした関係詞節による書き換えから明らかなように，（1）の不定詞が修飾している「直前の名詞」とは関係詞節によって説明を受ける先行詞のことであり，その先行詞は，（1a）では不定詞

節内の主語の働きを，（1b）では目的語の働きを，（1c）では前置詞の目的語の働きを果たしています。では，見えない意味上の主語（例文（1）の to 不定詞の手前にあるはずの主語）の先行詞は何かというと，（1a）では主語の働きをしている直前の名詞であるのに対して，（1b），（1c）では主節の中にある名詞句（主節内の主語とか目的語）または不特定の人ということになります。（1）の不定詞部分のパラフレーズである（3）の関係詞節（下線部）内にある主語を参照してください。

　直前の名詞が，不定詞節内の主語になることも目的語になることもあるとなると，次のような例では2通りの解釈が成り立ちます。どのような解釈とどのような解釈でしょうか。また，2通りの解釈が成り立つ原因はどこにあるのでしょうか。

(4) a.　the people to meet

　　　　（会っておくべき人々／会おうとしている人々）

　　b.　the man to teach

　　　　（教えを受ける人（生徒）／教えを行う人（先生））

　　c.　the woman to succeed

　　　　（後継される女性／成功する女性）

　括弧内の日本語訳の斜線左側では，直前の名詞が不定詞節の目的語の働きをしているのに対して，斜線右側では主語の働きをしています。こうした2通りの解釈が成り立つのは，不定詞節で用いられている動詞が，他動詞としても自動詞としても使用できるからです。他動詞として用いられていれば，他動詞は目的語を必要としますから，直前の名詞がその目的語の働きをしています。つまり，目的格の関係代名詞に相当します。不定詞の見えない主

第6章 原則はどのような場合に当てはまり，どのような場合に当てはまらないか　67

語の先行詞は，主節内の名詞（主語や目的語など）になります。
たとえば，John phoned up the people to meet.（ジョンは会うべ
き人々に電話をした）では，文の主語 John が，不定詞の意味上の
主語の先行詞です。

　一方，自動詞として用いられていれば，自動詞は目的語を必要
としませんから，直前の名詞がその自動詞の主語の働きをしてい
ます。主語が関係代名詞になっている場合に相当します。たとえ
ば，上掲の John phoned up the people to meet. で不定詞の動詞
meet が自動詞であれば，「ジョンは，お互いに会おうとしている
人々に電話をした」という意味になり，不定詞の見えない主語の
先行詞は，直前の名詞 the people です。(4) の不定詞節の動詞が
他動詞と自動詞の両方の用法で用いられるので，こうした 2 通り
の解釈が成り立つわけです。

　(1d) の不定詞節は「不定詞が直前の名詞の具体的な内容を説
明」する働きをしていますが，この働きは**名詞に続く同格節の働
き**です。したがって，不定詞節（下線部）を同格の that 節や同格
の of 句で書き換えることができます。

- (5)　a.　I made a promise <u>to go to the movies with her.</u>（=
  (1d)）

  b.　I made a promise <u>that I will go to the movies with
  her.</u>

  c.　I made a promise <u>of going to the movies with her.</u>

　では，同格節の働きをしている不定詞節の見えない意味上の主
語が何であるか考えてみましょう。下記 (6a) のように直前の名
詞句の中に先行詞となり得る名詞が含まれていればその名詞が先

行詞となり，(6b) のように主節の中に先行詞となり得る名詞があればその名詞が先行詞となり，(6c) のように近くに先行詞となり得る名詞が何もなければ不特定の人として解釈されます。

(6) a. This is **your** last chance to go abroad.

（今回が，あなたの海外に行く最後の機会だ）

b. **John** looks for a chance to go abroad.

（ジョンは海外に行く機会を求めている）

c. There was not much chance to go aboard half a century ago.

（半世紀前は海外に行く機会があまりなかった）

前章で名詞的用法の不定詞節の「見えない意味上の主語」の原則として「**最短距離の原則**」を見ました。見えない意味上の主語の先行詞となるのは，それに最も近くにある主節内の名詞句である，というものでした。本章で見てきた**形容詞的用法の不定詞節**では，意味上の主語が直前の名詞句内の名詞である場合も，主節内の名詞である場合も，不特定の人である場合もあるのですから，**最短距離の原則が当てはまらない**ことが明らかです。

さらに，John told Mary about the exciting chance to go abroad. のような文を考えてみましょう。ジョンがメアリーに話した海外行きの魅力的なチャンスは，ジョンが行く機会とも，メアリーが行く機会とも，いずれでもない誰か不特定の人が行く機会とも，解釈することができます。不定詞節の主語から見て一番近い所にある Mary がその先行詞とは限りませんから，最短距離の原則が当てはまらないのが一目瞭然です。

では，最短距離の原則が当てはまる名詞的用法の不定詞節と，

当てはまらない形容詞的用法の不定詞節とは，何が違うのでしょうか。第2章で5文型を見た時に，文に現れる要素には，文の中心となる動詞にとって「義務的な要素」と「随意的な要素」があることを見ました。義務的な要素とは，主語や他動詞の目的語など，動詞にとって無くてはならない要素のことを，一方随意的要素とは，副詞的要素のような，有っても無くても文の適格性に影響を与えないような要素のことを，それぞれ指します。この義務的な要素，随意的な要素という区分が重要な役割を果たしているように思われます。名詞的用法の不定詞は主語や目的語の位置に現れるのですから，不定詞を取る動詞にとっては無くてはならない義務的な要素です。

これに対して，形容詞的用法の不定詞節は，関係詞節の働きをしている「直前の(代)名詞を修飾」する不定詞節も，同格節の働きをしている「直前の名詞の具体的な内容を説明」する不定詞も，その直前の名詞にとって不可欠ではなく，随意的な要素です。形容詞的用法の不定詞節に限らず，関係詞節も，同格節も，名詞にとって随意的な要素です。下記 (7)，(8) は関係詞節の例，(9)，(10) は同格節の例ですが，どちらの場合も，(b) から明らかなように，(a) の下線部の関係詞節または同格節を取り除いたとしても英語の文として不自然ではありません。

(7) a.　I know the gentleman <u>for you to see tomorrow</u>.

　　　（私は，あなたが明日会う紳士を知っている）

　　b.　I know the gentleman.

　　　（私は，その紳士を知っている）

(8) a.　I know the gentleman <u>who you will see tomorrow</u>.

b.　I know the gentleman.

(9)　a.　He gave me the promise to lend his car.

　　　　（彼は，自動車を貸してくれると私に約束した）

　　b.　He gave me the promise.

　　　　（彼は私に約束してくれた）

(10)　a.　He gave me the promise that he will lend his car.

　　b.　He gave me the promise.

　一方，前章で見た名詞的用法の不定詞節を取り除くことはできないことは，言うまでもありません。次の (11a), (12a) は前章の (2a), (2b) を再録したものですが，名詞的用法の不定詞節（下線部）を取り除くとダメな文になります。

(11)　a.　Bill tried to speak slowly.

　　　　（ビルはゆっくりと話すように努めた）

　　b.　*Bill tried.

(12)　a.　She wants to eat sushi.

　　　　（彼女は寿司を食べたがっている）

　　b.　*She wants.

　とすると，**最短距離の原則は，義務的な不定詞節の意味上の主語に関して当てはまる原則**ということができます。ここで注意しておきたいのは，原則が当てはまる場合と当てはまらない場合がその場その場で（場当たり的に）異なるのではなく，不定詞節が義務的な要素であるか随意的な要素であるかという基準に基づいて区別されるという点です。第2章で見た義務的な要素，随意的な要素という区分が，ここでも大事な働きをしているわけです。

第6章　原則はどのような場合に当てはまり，どのような場合に当てはまらないか　　71

```
┌─────────────────────────────────────────────┐
│ ◇「最短距離の原則」は，不定詞が，義務的要素の位置に │
│  　生じる場合に当てはまる。                      │
└─────────────────────────────────────────────┘
```

6.3. 副詞的用法の不定詞節

　教科書や参考書では不定詞の副詞的用法として，目的，結果，原因，仮定などの例が挙がっています（次例はいずれも Essentials (46-47) から引用）。

(13) a. The girl went out into the field to pick some flow-ers. ［目的］

　　　　（その少女は花を摘みに野に出かけた）

　　 b. One day the poet awoke to find himself famous.

［結果］

　　　　（ある日，その詩人は目を覚ますと，有名であることに気づいた）

　　 c. I am very glad to see you. ［原因］

　　　　（お会いできてうれしい）

　　 d. To hear her talk on the phone, you would take her for a young girl. ［仮定］

　　　　（彼女が電話で話すのを聞けば，きっと若い女の子と間違えるだろう）

　副詞的用法の不定詞節でも，意味上の主語が単語で顕在していることがあります。

(14) a. She woke up early in the morning for her daughter to catch the first train.

(彼女は，娘が始発電車に間に合うように，早起きした)

b. He talked about the accident in detail for his boss to understand the situation well.

(彼は，上司が状況をよく理解できるように，その事故について詳しく話した)

(13) のように意味上の主語が姿を現していない場合には，主節の主語が先行詞であると解釈されるのが一般的です。ですが，主語に限定されるわけではありません。次のような「目的」の例では，主節の主語ではなく目的語が，見えない意味上の主語の先行詞となっています。

(15) a. I lent Paul a dollar to get home.

(Quirk et al. (1985: 1108))

(家に帰れるように私はポールに 1 ドル貸した)

b. Mary brought John along to talk to her.[1]

(Jones (1991: 25))

(メアリーはジョンを彼女の話し相手に連れて行った)

また，次のような不定詞の副詞的用法では，主節内にある名詞

---

[1] 下記 (i) のように，不定詞の前に in order を付けると，意味上の主語は主節の主語に限られます (Jones (1991: 25))。そのために，(ii) のように，(15b) の不定詞の前に in order を付けると不適格な文になります。

(i) Mary brought John along in order to talk to.

(ii) *Mary brought John along in order to talk to her.

第6章 原則はどのような場合に当てはまり，どのような場合に当てはまらないか　　73

が先行詞になっているわけではありません。文の中に現れていない，その文を発している話者が，不定詞の見えない主語に当たります。

(16) a. To put it briefly, he showed no interest in anything.
　　　　（簡単に言えば，彼は何にも興味がなかった）

　　 b. To tell you the truth, there were many misunder-standings in her speech.
　　　　（本当のことを言えば，彼女の話にはいくつもの間違いがあった）

　とすると，副詞的用法の不定詞節の場合も，最短距離の原則が常時守られるわけではないことになります。第2章で5文型を見た際に，副詞的な要素は義務的ではなく，随意的な要素であると述べました。副詞的用法の不定詞節も，有っても無くても文の適格さに影響を与えることのない随意的な節です。前節で形容詞的用法の不定詞節を見た際に，最短距離の原則は義務的な位置に生じる不定詞節について当てはまるが，随意的な不定詞節には当てはまらないことを見ました（70-71頁）。副詞的用法の不定詞節は随意的な要素なので，最短距離の原則から外れるわけです。ここでも，文を構成する上で義務的な要素であるか随意的な要素であるかが重要な区別の基準となっています。

第7章　動名詞は「詞」ではなく「節」である

　前3章（第4，5，6章）で不定詞の助動詞や主語について見ました。不定詞は，述語動詞とは異なり，動詞が時制変化していない形であり，学校文法では「準動詞」と呼ばれています。準動詞には不定詞のほかに動名詞が含まれます（39頁）。動名詞とは，He likes *seeing movies.* や *Seeing* is *believing.* に現れている動詞の〜ing 形のことです。seeing にも believing にも，三単現の -s や過去時制を表す -ed など時制要素が現れていません。動詞に時制要素が現れていない**不定詞と動名詞（さらに分詞）をまとめて，準動詞**（専門的には「非定形動詞」）と呼んでいます。

　教科書や参考書では，不定詞が扱われるとそのすぐあとで動名詞が扱われるのが一般的です。ここでも，不定詞を見たあとに，動名詞について見ることにしましょう。その後の章（第8，9章）で，同じ〜ing 形の現在分詞や，同じ分詞と呼ばれる過去分詞について見ることにします。

第7章　動名詞は「詞」ではなく「節」である　　75

7.1.　動名詞の主語

　動名詞には，下記 (1) の (a) のように，その意味上の主語が
はっきりと現れることがあります。動名詞 seeing porno movies
の主語は，そのすぐ前の John です。しかし，(b) のように，意
味上の主語が現れないこともあります。動名詞の直前に主語に当
たる名詞句が現れていません。主語が顕在したりしなかったりす
るのは，前章で見た不定詞の場合と同じです。不定詞では，見え
ない意味上の主語についてどのような扱いをしたか思い出して下
さい。そう，見えない代名詞が存在すると仮定し，その仮定を
色々な事実から証明することを試みました。(1b) の動名詞の見
えない意味上の主語についても，同じように扱うことができま
す。(1c) に示すように，見えない代名詞（白抜き字）が存在して
いると考えます。

(1) a.　Mary doesn't like John seeing porno movies.
　　　　　（メアリーは，ジョンがポルノ映画を見ることを好まない）

　　b.　Mary doesn't like seeing porno movies.
　　　　　（メアリーは，ポルノ映画を見たがらない）

　　c.　Mary doesn't like her seeing porno movies.

(1) で用いられている動詞 like は，Mary likes movies. のよう
に，目的語を一つ取る動詞（SVO の動詞）です。(1) のいずれの
文でも，動詞の後ろが「主語＋述語」から成る節であるとするな
らば，その節が目的語の位置に現れている SVO 文型ということ
になります。**述部が動名詞である節を「動名詞節」と呼んでいく**
ことにしましょう。

7.2. 動名詞節の助動詞

　節（＝文）には，主語と動詞のほかにもう一つ必須の要素があ
りましたね。そう，助動詞です。(1) の動名詞節には助動詞らし
いものが何も見つかりません。

　動名詞の seeing は，動詞の原形 see と接辞の -ing から成り
立っています。ちょうど不定詞が，to と動詞の原形から成り立っ
ているように，動名詞は動詞の原形と接辞の -ing から成り立っ
ています。そこで，不定詞の to が法助動詞であると同じように，
動名詞の -ing も法助動詞であると考えてみることができます。両
者の違いは，to が独立できる単語であるのに対して，-ing は独
り立ちできずに必ず動詞に接着しなければならない「接辞」であ
るという点です。そのために，動名詞では，いつも動詞が 〜ing
形になっているのです。

　では，-ing が法助動詞であることを示すような証拠があるで
しょうか。不定詞の to が助動詞であるという仮定を証明する際
に用いた証拠を思い出してください。具体的に言うと，他の種類
の助動詞と一緒に現れることができるかどうかという議論を思い
出してみましょう。法助動詞は二つ連続することができませんで
した (*He will can swim. を参照)。もし -ing が法助動詞であるな
らば，動名詞に法助動詞が現れないはずです。実際，*She likes
can-seeing movies. のように，動名詞の一部として法助動詞が現
れることは絶対にありません。

　do / does / did も助動詞（専門用語で，迂言的助動詞 (36 頁)）
ですが，これらの助動詞も，法助動詞とも不定詞の to とも一緒
に現れないことを見ました。*He will does not come. や，*He

wants to does not fail. などがダメであることを参照。これらの助動詞は，動名詞にも現れません。*Do not seeing is not desirable. や *Doing not see is not desirable.（do は否定形の述部内に現れる助動詞の do のつもり）がダメであることを参照してください。

　同じ助動詞でも，完了形の have や，進行形の be や，受動態の be といった相助動詞は，法助動詞と一緒に現れることができます。He can have finished it by tomorrow. のような完了形や，She will be singing. のような進行形や，The vase will be broken. のような受動態が可能であることを思い出してください。もし動名詞の -ing が法助動詞の一種であるならば，完了形の動名詞や，進行形の動名詞や，受動態の動名詞というのが可能なはずです。実際に，学習参考書や教科書に，次のような完了の動名詞の例（2）や，受動態の動名詞の例（3）が載っています。

(2) a. She is proud of *having won* a medal at the Olympics.　　　　　　　　　　　　　　　　　(Forest, 211)

（彼女は，オリンピックでメダルを獲得したことを誇りにしている）

　　b. The boy didn't admit *having made* a mistake.

(New Access, 146)

（その少年は，間違ったことを認めなかった）

(3) a. I don't like *being treated* like a child.　(Forest, 211)

（子どものように扱われたくない）

　　b. There is no hope of *being saved*.　　(Essential, 32)

（助けられそうにない）

以上見てきたように，動名詞に法助動詞や do / does / did（迂言的助動詞）が現れないことや，同じ助動詞でも完了の have や受動の be が現れることなどからすると，動名詞の -ing は法助動詞の一種と考えることができます。とすると，**動名詞にも，不定詞節と同様に，文にとって不可欠な主語，動詞，そして助動詞が備わっている**ことになります。したがって，動名詞は，単語レベルの「詞」ではなく，文（または，節）レベルの「動名詞節」です。

◇**動名詞節にも文の必須要素が揃っている**
　　文の必須要素である主語，助動詞，動詞が備わっている。

7.3.　なぜ進行形の動名詞はダメなのか

ところが，進行形の動名詞の例——being running のように，進行形を作る be が 〜ing 形である例——は見つかりません。大きなデータベースを調べても出てきません。『現代英文法辞典』（三省堂）の gerund の項（613 頁）を見ると，**進行形の動名詞が作れないこと**が指摘されており，次のような進行形の動名詞（斜体部）を含む文がダメであるとしています。

　(4) *John regrets *being eating* when Mary arrived.

to 不定詞の中では，進行形も完了形や受動態と同じように生起することができたのですが（John attempted to be eating. を参照），動名詞の中では進行形に限って生じることができません。進行形の be は，完了形の have（および受動の be）と一緒に「相助動

詞」として同じグループにまとめられますが，動名詞ではちょっと例外になるようです。

　ところが，ロス（John R. Ross, 1972）という文法学者は，次のような興味深い事実を指摘しています。(5a) のように continue の過去形の後ろに to 不定詞が続くことも，(5b) のように ～ing 形が続くことも可能だし，(5c) のように continue の ～ing 形の後ろに to 不定詞が続くことも可能なのですが，(5d) のように continue の ～ing 形の後ろに別の ～ing 形が続くことはできません。ロスは，この現象を「**二重 -ing の禁止**」と呼んでいます。

(5)　a.　It continued to rain.（雨が降り続けた）

　　　b.　It continued raining.

　　　c.　It is continuing to rain.

　　　d. *It is continuing raining.

(Ross (1972: 61))

　(5c), (5d) の be 動詞の後ろの continuing は進行形を作る現在分詞です。(5b), (5d) の continue に続く ～ing 形は，begin や stop に続く ～ing 形と同様に動名詞とみることも，keep や remain に続く ～ing 形と同様に現在分詞と見ることもできます。時間に関係した continue は，「～を続ける」という意味の他動詞としても，「～が続く」という意味の自動詞としても用いられるからです。ですが，第8章で見るように，～ing 形を現在分詞と動名詞に区別するのは，あまり意味がありません。ロスが指摘したのは，動名詞であるか現在分詞であるかの区別に関わりなく，-ing が二つ連続することはできない，という事実です。この事実を，「二重 -ing の禁止」と名付けたのです。

「二重 -ing の禁止」という決まりが成り立つとなれば，進行形の動名詞がダメであるという事実は，偶発的な例外ではなくなります。進行形は「be 動詞 + 〜ing 形（現在分詞）」から成り立っており，その be 動詞を動名詞にすると，being と現在分詞の〜ing 形という二つの 〜ing が連続することになり，「二重 -ing の禁止」に違反するからです。

◇ 進行形の動名詞がダメな理由
　　進行形が動名詞になると，二つの 〜ing 形が連続し，「二重 -ing の禁止」に違反する。

では，なぜ「二重 -ing の禁止」という決まりが成立するのでしょうか。これまで見て来た私たちの -ing の扱いからすれば，容易に説明することができます。もう気づいたでしょうか。その説明の下準備として，複数の要素から一つの単語ができる場合，できあがった単語の性質（たとえば，その品詞など）がどのようにして決まるかを見ておきましょう。動名詞も，動詞 + -ing という具合に二つの要素から一つの語ができているからです。

次の語はいずれも，二つの要素（単語）からできている一つの単語（「複合語」と呼びます）です。右側にそれぞれの要素の品詞，等号の右側に全体の品詞が書いてあります。

(6) a.　greenhouse（温室）　　　形容詞 + 名詞 = 名詞
　　 b.　worldwide（世界規模の）　名詞 + 形容詞 = 形容詞
　　 c.　brainwash（洗脳する）　　名詞 + 動詞 = 動詞
　　 d.　undergo（経験する）　　　前置詞 + 動詞 = 動詞

第7章　動名詞は「詞」ではなく「節」である　　81

　次の語も，（6）の複合語と同じように二つの要素からできてい
ますが，一方が単語，もう一方が接辞です。単語に接辞が付いて
新たに派生される単語を「派生語」といいます。接辞は，名詞を
派生する接辞，動詞を派生する接辞などといわれます。

（7）a.　suggest-ion（示唆）　　　動詞＋名詞を派生する接辞＝
　　　　　　　　　　　　　　　　　　名詞

　　　b.　black-en（黒くする）　　形容詞＋動詞を派生する接辞
　　　　　　　　　　　　　　　　　　＝動詞

　　　c.　function-al（機能的な）　名詞＋形容詞を派生する接辞
　　　　　　　　　　　　　　　　　　＝形容詞

　　　d.　kind-ly（親切に）　　　形容詞＋副詞を派生する接辞
　　　　　　　　　　　　　　　　　　＝副詞

　（6）の複合語と（7）の派生語で，何か共通した点があるでしょ
うか。そう，全体の品詞（等号の右側）がそれを構成する2番目
の要素（等号のすぐ左側）の品詞によって決まってくるというこ
とです。形容詞と名詞から構成される複合語であれば，全体が，
2番目の要素の品詞である名詞になります。動詞と名詞を派生す
る接辞から成る派生語であれば，全体が，2番目の要素の品詞で
ある名詞になります。複数の要素が一つの単語を作る時に，右側
の要素が中心となるという趣旨の，「右側主要部の原則」という
語形成上の決まりが成り立ちます。「主要部」というのは，「中心
になる」ということです。右側の要素が中心になって，全体の性
質が決まってくるという原則です。複合語にも派生語にも当ては
まります。

　それでは，動名詞の話に戻りましょう。動名詞は動詞と -ing

という二つの要素から成る一つの単語です。-ing が右側に現れています。「右側主要部の原則」からすると，その -ing が動名詞全体の性質を決めることになります。私たちの立場では，-ing は法助動詞の一種であると主張してきました（7.2 節）。～ing 形から成る動名詞にあえて品詞を付けるとすれば，法助動詞ということになります（だいぶ常識から外れるように思われるかもしれませんが）。進行形を動名詞にすると，進行形の「be 動詞 + ～ing 形」の be 動詞も ～ing 形になります。進行形の動名詞では，(4) の being eating のように，二つの ～ing 形が連続します。それぞれの ～ing 形が法助動詞的要素ですから，*He will can swim. という二つの法助動詞の連続が許されないのと同じように，許されません。**「二重 -ing の禁止」という決まりは，より一般的な「二重法助動詞の禁止」という決まりに原因を求めることができます。**[1] ロスが挙げた「二重 -ing の禁止」の例である (5d) についても全く同じ説明が当てはまります。

　以上見てきたように，動名詞を作る -ing は，法助動詞と一緒に現れることができないことや，同じ助動詞でも完了の have や受動態の be ならば現れることができることからして，法助動詞の 1 種であるということができます。進行形の動名詞が成り立たないという事実も，動名詞の -ing が法助動詞の一種であるこ

---

[1]　上記 (5c) で，次のような文が正しい文であることを見ました。
　　(i)　It is continuing to rain.
本書の立場では，不定詞の to も法助動詞の一種ですが，動詞に接着していない点に注目して下さい。to と動詞 rain でもって（語ではなく）句を作りますので，それが ～ing 形の continuing に後続しても法助動詞の連続にはなりません。

第7章　動名詞は「詞」ではなく「節」である　　83

とを説得的に示しています。進行形の動名詞では二つの法助動詞
が連続することになるからです。動名詞の -ing が法助動詞の一
種であるとなれば，動名詞節にも不定詞節と同様に，主語と動詞
ばかりではなく，助動詞が含まれていることになります。文に
とって不可欠な要素がすべて揃っていることになります。

◇**動名詞節にも必須要素が揃っている**
　　動名詞節にも，文構成上の必須要素である主語，助動
　　詞，動詞が揃っている。

7.4.　完了の have や受動の be などは助動詞か，動詞か？

　上で，助動詞の中でも完了の have や受動の be は動名詞にな
ることができると述べました。動名詞は，動詞に -ing を付けて
名詞的にする働きをするのですから，-ing が付く相手は動詞と
いうことになります。完了の have にも受動の be にも -ing が付
きますから，助動詞ではなく**動詞である**，ということになります。
さらに，to 不定詞は動詞の原形と一緒に現れるのですから，to
の後ろに現れるのは動詞の原形ということになります。完了の
have，受動の be，さらに進行の be も to の後ろに現れることが
できるのですから，これらの助動詞は動詞であると考えなければ
なりません。

(8)　a.　He tried to have finished it.

　　　　（彼は，それを終えてしまおうと努めた）

b. He tried to be respected by many people.

(彼は多くの人に尊敬されるよう努めた)

c. He tried to be smiling.

(彼は微笑んでいようと努めた)

4.5 節で，完了の have，進行の be，受動の be が助動詞であることを証明する際に，まず否定文における not の位置について取り上げました。否定文を作るのには，not を助動詞の直後に置きます。完了形や，進行形，受動形の否定文では，それらに現れる have や be の直後に not が現れるのですから，have や be が**助動詞である**とみなさなければなりません。

(9) a. He has not seen a lion yet.

b. She is not studying hard.

c. He is not admired by any student.

もう一つの根拠として，Yes-No 疑問文を取り上げました。Yes-No 疑問文を作るには，助動詞を主語の前に倒置します。完了形や進行形や受動態の疑問文を作るには，have や be を主語の手前に倒置しますから，これらの例からも have や be は助動詞であるとみなさなければなりません。

(10) a. Has he seen a lion?

b. Is she studying hard?

c. Is he respected by any student?

では，完了の have や，進行の be，受動の be は，否定文や疑問文に関して，いつも助動詞として振る舞うのでしょうか。もし

第7章　動名詞は「詞」ではなく「節」である　　85

次の文でも，これらの「助動詞」が本当に助動詞であるならば，
(i) のように，それらの「助動詞」の直後に not が生じるはずで
す。実際には，(ii) のように，法助動詞 may の直後に現れます。

(11) a. i. *He may have not seen a lion yet.

　　　　ii. He may not have seen a lion yet.

　　 b. i. *She may be not studying hard.

　　　　ii. She may not be studying hard.

　　 c. i. *He may be not admired by any student.

　　　　ii. He may not be admired by any student.

同様のことが Yes-No 疑問文についても言えます。もし次の文
でも，完了の have や，進行の be，受動の be などの「助動詞」
が本当に助動詞であるならば，(i) のように，それらの「助動詞」
は紛れもない助動詞（法助動詞）と共に主語の手前に倒置される
はずですが，実際には，(ii) のように，主語の手前に倒置されま
せん。倒置されるのは法助動詞だけです。

(12) a. i. *Can have he seen a lion yet?

　　　　ii. Can he have seen a lion yet?

　　 b. i. *Can be she studying hard?

　　　　ii. Can she be studying hard?

　　 c. i. *Can be he admired by any student?

　　　　ii. Can he be admired by any student?

◇完了の **have** などの二面性

　　完了の have, 進行の be, 受動の be は, 本動詞でも
　　あり, 助動詞でもある。

　(9), (10) を見る限り, 完了の have や, 進行の be, 受動の be
は確かに助動詞として振る舞っていますが, 逆に (11), (12) を
見る限り助動詞ではなく, むしろ「本動詞」として振る舞ってい
ます。なるほど, 完了の have を「have 動詞」, 進行の be を「be
動詞」などと呼ぶこともあります。これらの「助動詞」が助動詞
として振る舞っている (9), (10) と, 本動詞として振る舞ってい
る (11), (12) では, どのような違いがあるのでしょうか。

　違いは一目瞭然ですね。(11), (12) には法助動詞が含まれて
いますが, (9), (10) には含まれていません。すでに助動詞とし
て法助動詞が含まれていれば, 完了の have や, 進行の be, 受
動の be は助動詞として振る舞わずに, 一方他の助動詞が含まれ
ていない場合には助動詞として振る舞うことになります。これ
は, ちょうど一人の人間が, ある時は新聞記者のクラーク・ケン
トとして振る舞い, ある時は空を飛ぶスーパーマンとして振る舞
うのと似ています。一人の人間が状況に応じて振る舞いを変える
のです。

　そこで, 次のように考えてみてはどうでしょうか。一つの文に
は, 助動詞が収まる場所が一つだけ (主語と動詞の間の位置) あ
る。完了の have や, 進行の be, 受動の be は, 本来は本動詞で
あり, 助動詞が収まる位置がすでに法助動詞で埋まっている場合
には, 本動詞の位置に留まっている (次項 (13a) を参照)。そのた

第7章　動名詞は「詞」ではなく「節」である　　87

め，(11)，(12) のように，法助動詞がある場合には，本動詞の
位置に留まっており，本動詞して振る舞う。一方，法助動詞が現
れておらず，助動詞の位置が空いている場合には，その位置へ移
動して，助動詞として振る舞う（下記 (13b) を参照）。そのため，
(9)，(10) のように，法助動詞がない場合には，**本動詞である
have / be が助動詞の位置へ移動し，助動詞として振る舞う**。表
面上の位置を「現住所」，もともとの位置を「本籍地」にたとえる
ならば，(13b) では，have / be は本籍地が動詞の位置，現住所
が助動詞の位置ということになります。本籍地から現住所地へと
引っ越しているのです。

(13)　　　　　　　　　　　　　　　　　主語　助動詞　動詞
a.　助動詞の位置に法助動詞がある場合　John　will　　have / be
b.　助動詞の位置が空いている場合　　　John　have / be

このように考えれば，助動詞に関係するさまざまな事実が説明
できます。まず，助動詞の位置は一つだけなのですから，法助動
詞が二つ，三つと続くことはありません。次に，同じ「助動詞」
でも完了の have や，進行の be，受動の be は，本来は本動詞な
のですから，法助動詞がある場合にはその後ろに本動詞として続
くことになります。さらに，不定詞の to も動名詞の -ing も法助
動詞の一種とみなしたのですから，to や -ing は助動詞の共起関
係に関して，will などの法助動詞と同じ振る舞いを示します。do
など迂言的助動詞とは共起できませんが，完了の have や受動の
be など「元来本動詞」の相助動詞とは共起することは可能です。
動名詞の -ing は法助動詞の一種ですが語ではなく接辞なので，

これらの「本動詞」（have や be）に接着することになります。一方，助動詞の位置が法助動詞で埋まっている場合には，これらの「本動詞」は本動詞のままでいますので，本動詞として振る舞います。[2]

◇完了の **have** などの２面性

完了の have，進行の be，受動の be は，元来本動詞であり，助動詞の位置が空である（法助動詞が生じていない）場合に，その位置へ移動し，助動詞に変身する。

---

[2] 完了の have は He has slept. や He had slept. のように，時制変化します。進行および受動の be についても同様です。第４章で，動詞が現在形や過去形に時制変化するのは，助動詞である時制要素（*[-現在]* や *[-過去]*）が動詞の原形に接着するためであると考えました。have や be の時制変化は，それらの本動詞が，助動詞の位置にある接辞の時制要素を救済するために助動詞位置へ「出向いていって」合体した結果である，と考えます。

第8章　動名詞と現在分詞はどう違うのか？

8.1.　動名詞および現在分詞と用法の関係

　学校文法では，動詞をその形に基づいて，述語動詞と準動詞に大きく分類し，現在形か過去形かのいずれかに時制変化している動詞を述語動詞，一方時制変化していない動詞を準動詞と呼んでいます。第4-6章で見た不定詞も，前章（第7章）で見た動名詞も，時制変化していませんから，準動詞です。動名詞が取る〜ing 形には，動名詞のほかに現在分詞の用法があります。現在分詞も，動名詞と同様に，準動詞です。本章では，同じ 〜ing 形をした動名詞と現在分詞について考えることにします。

　本題に入る前に，参考書における準動詞の扱いを見ておきましょう。Forest（163）では次のように整理されています。

(1)　準動詞の種類
　　①原形：　大多数の助動詞の後に置く。知覚動詞・使役動詞と共に使う。

89

90

　　②to 不定詞：　名詞句として使う。形容詞句として使
　　　　　　　　　　う。副詞句として使う。
　　③現在分詞・過去分詞：　形容詞句として使う。副詞句
　　　　　　　　　　　　　　として使う。
　　④動名詞：　名詞句として使う。

　(1) からすると，③の現在分詞と④の動名詞の違いは，どのよ
うな句（品詞）として用いられるかという用法の違いということ
になります。〜ing 形が名詞句として用いられれば④の動名詞で
あり，形容詞句や副詞句として用いられるならば③の現在分詞で
す。名詞句として用いられるということは，名詞句が生じるよう
な位置──前章（第7章）で見たように，主語，動詞の目的語，前
置詞の目的語，主格補語の位置──に生じているということです
から，〜ing 形がこれらの位置に生じていれば動名詞ということ
になります。一方，〜ing 形が，形容詞句が生じるような位置
──be 動詞や不完全自動詞の後ろ，名詞を修飾する位置──，およ
び副詞句が生じる位置──動詞句や文を修飾する位置──に生じて
いれば現在分詞と見なされます。このような**動名詞と現在分詞の
区別は，用法または分布（生じる位置）に基づく**ものであり，学
校文法ばかりではなく，専門的な英語学でも伝統的に広く採用さ
れています。
　　この区別を②の to 不定詞と比較してみましょう。to 不定詞に
は，名詞用法，形容詞用法，副詞用法の3種類があります（第6
章）。何か動名詞と現在分詞の場合と違っていますね。そう，不
定詞の場合には用法の相違に基づいて別の文法項目として分けな
いのに対して，動名詞と現在分詞の場合には用法の相違に基づい

第8章　動名詞と現在分詞はどう違うのか？　　91

て二つの別個の文法項目に分けています。「to＋原形動詞」とい
う形式であれば，用法の違いに関わりなく to 不定詞としている
のに対して，-ing という形式については，同じ形式であっても，
用法の違いに基づいて動名詞と現在分詞とに分けているのです。

（2）　準動詞の形式と用法

形式　＼　用法	名詞句	形容詞句	副詞句
動詞＋-ing	動名詞	現在分詞	現在分詞
to＋原形動詞	不定詞〈名詞的用法〉	不定詞〈形容詞的用法〉	不定詞〈副詞的用法〉

　ところが最近では，動名詞と現在分詞を区別する必要がないと
いう考え方が少しずつ広まってきています（Quirk et al. (1985),
Huddleston and Pullum (2002) など）。動名詞と呼ばれてきたもの
は ～ing 形の名詞用法にほかならず，現在分詞と呼ばれてきた
ものは ～ing 形の形容詞用法，副詞用法にほかならない。～ing
形には，不定詞と同様に，名詞用法，形容詞用法，副詞用法とい
う用法の違いだけがあるのだ，という考え方です。このように考
えれば，～ing 形が動名詞であるのか現在分詞であるのかなどと
いった煩わしい問題から解放されます。

8.2.　動名詞と現在分詞の共通性

　こうした考え方（「動名詞・現在分詞分離不要論」とでも呼び
ましょうか）が妥当であることを示すには，どのようなことを論
じればよいでしょうか。**動名詞と現在分詞の間には多くの共通性**

が あることを示せばよいですね。さらに，動名詞と現在分詞との間に見られる相違は，両者を別扱いにする根拠にならないことを示す必要があります。

　まず動名詞と現在分詞の基本的な意味を考えてみましょう。動名詞は基本的に，「習慣的行為」を表すと言われています (Forest, 202)。一方，現在分詞は「〜する，している」という意味を表すとされています (Forest, 224)。どちらも事実や現実のことを表しています。これを不定詞の基本的な意味と対比させてみましょう。不定詞は基本的に「これから先のこと」「可能性があること」を表すとされています (Forest, 168)。これから先（将来）のことも可能性も現実のことではありませんから，不定詞は非現実を表すと言えます。不定詞の意味（「非現実」）と対比させると，動名詞と現在分詞の意味は，共に「現実」を表しており，共通していることに気づきます（詳しくは第11章）。

　今度は文法的な共通性について見てみましょう。例文を挙げて共通性を見ていきますが，以下の例文では (a) が動名詞の例，(b) が形容詞的用法の現在分詞の例，(c) が副詞的用法の現在分詞の例です。(b) の形容詞的用法の現在分詞の例では分詞と一緒に他の語が現れますので，名詞を後ろから修飾する後位修飾の例となります。(c) の副詞的用法の現在分詞とは，文全体を修飾する分詞構文のことです。

　まず，〜ing 形がいろいろな助動詞と一緒に現れるかという，助動詞との「共起関係」について見てみましょう。動名詞も，形容詞的用法の現在分詞も，副詞的な現在分詞も，受動態の be 動詞と共起することができます。現在分詞の (b) と (c) では being を省略することもできます。

第8章 動名詞と現在分詞はどう違うのか？　　93

(3) a. I don' like being treated like a child.　(Inspire, 231)

（子どものように扱われたくない）

b. They suspected the man being questioned by the police.

（彼らは，警察に尋問された男を疑わしく思った）

c. Being written in haste, the report had many mistakes.　(Forest, 237)

（急いで書かれたので，その報告書には間違いがたくさんある）

2番目に，いずれの 〜ing 形も完了の助動詞 have と共起することができます。

(4) a. She is proud of having been rich.　(Inspire, 228)

（彼女は裕福であったことを誇らしく思っている）

b. He admired the student having read all of Shakespeare works.

（彼は，シェイクスピアの全作品を読んでいる学生を称賛した）

c. Having read the newspaper, I began my work.

(Inspire, 262)

（新聞を読み終えてから，仕事を始めた）

3番目に，同じ助動詞でも進行の be は，いずれの 〜ing 形とも共起することができません。be が 〜ing 形になると，being という 〜ing 形とそれに続く進行形の 〜ing 形が連続し，7.3 節でみた「二重 -ing の禁止」に違反するからです。いずれの 〜ing 形の場合も，先行する助動詞の being が削除されれば良くなります。二重の 〜ing 形が解除されるからです。

(5) a. *John regretted being eating when Mary arrived.

(『現代英文法事典』613)

John regretted eating when Mary arrived.

（ジョンは，メアリーが到着した時食べている最中であった
ことを悔やんだ）

b. *The man being eating greedily is my best friend.

The man eating greedily is my best friend.

（がつがつ食べている男が私の親友だ）

c. *Being eating lunch, I could not meet her.

Eating lunch, I could not meet her.

（昼食を食べている最中なので，彼女に会うことができな
かった）

4 番目に，法助動詞もいずれの 〜ing 形とも共起できません。
次例では法助動詞 must の後ろに動名詞または現在分詞が続いて
います。

(6) a. *I know [must following the school rules].

b. *The students [must following the school rules] are
angry.

c. *[Must following the school rules], the students are
angry.

5 番目に，動詞に続く義務的要素について考えてみましょう。
2.1 節で見たように，5 文型は動詞に続く義務的要素の種類およ
び数に基づいて文型に分類されます。たとえば，read という動
詞は SVO 型の他動詞ですから，目的語として（前置詞句ではな

第8章　動名詞と現在分詞はどう違うのか？　　95

く）名詞句を伴います。これは，動名詞の場合も現在分詞の場合
も同じです。

(7) a. I continued reading all of Shakespeare's works.
　　　（シェイクスピアの全作品を読み続けた）

　　b. The girl having read all of Shakespeare's works is a
　　　 physics student.
　　　（シェイクスピアの全作品を読み終えている女子は，物理学
　　　 専攻の学生だ）

　　c. Having read all of Shakespeare's works, he began
　　　 to read *Canterbury Tales*.
　　　（シェイクスピアの全作品を読み終えたので，彼は『カンタ
　　　 ベリー物語』を読み始めた）

　6番目に，修飾語が随意的に現れる時には，いずれの場合も
（形容詞ではなく）副詞として現れます。

(8) a. I can't imagine John driving a car carefully.
　　　（ジョンが安全運転しているなどとは想像できない）

　　b. I admire the people driving a car carefully.
　　　（安全運転している人たちを称賛する）

　　c. Driving a car carefully, John has caused no acci-
　　　 dent.
　　　（安全運転をしているので，ジョンは事故を起こしていない）

　このように多くの点で動名詞と現在分詞は類似しており，わざ
わざ別々の文法項目として扱う必要がないように思います。

> ◇ 動名詞と現在分詞を区別する必要なし
>
>   動名詞と現在分詞は，多くの点で，同じように振る舞う

　不定詞の場合には「不定詞」という一つの文法項目の三つの異なる用法とみるのが一般的ですが，それと同じように，「～ing形」という一つの文法項目の三つの異なる用法と見ても，それほど無理がなさそうです。

　上で見た共通性のうち，最初の受動化の点は，動名詞も現在分詞も基本的に節の性質を持っていることを示しています。受動化には，節の主語と動詞と目的語が関わっているからです。また，5番目の動詞に後続する要素の共通性と6番目の副詞による修飾は，動名詞と現在分詞の内部の ～ing が付いた動詞は，どちらの場合も動詞の性質を維持していることを示しています。動詞に後続する目的語は名詞句の形で現れ，動詞を修飾するのは副詞の形で現れるからです。さらに，2番目，3番目，4番目の共通性はいずれも助動詞に関係しており，少し意外と思われるかもしれませんが，～ing 形を作る ～ing が助動詞の一種であることを匂わせています。この点については，前章（第7章）で見ました。

8.3.　動名詞と現在分詞の主語

　今度は，動名詞と現在分詞の主語について考えてみましょう。いずれの場合も，意味上の主語が姿を見せない形が可能です。上で見た (7) を (9) として再録します。

第8章　動名詞と現在分詞はどう違うのか？　　97

(9) a. I continued reading all of Shakespeare's works.
（シェイクスピアの全作品を読み続けた）

　　b. The girl student having read all of Shakespeare's works is a physics student.
（シェイクスピアの全作品を読み終えている少女は，物理学専攻の学生だ）

　　c. Having read all of Shakespeare's books, he began to read *Canterbury Tales*.
（シェイクスピアの全作品を読み終えたので，彼は『カンタベリー物語』を読み始めた）

〜ing 形の見えない意味上の主語の先行詞として，(a) では主節の主語，(b) では現在分詞の修飾を受けている直前の名詞句，(c) では主節の主語，と解釈できます。

　では意味上の主語が単語として現れることはできるのでしょうか。次のような例を考えてみましょう。

(10) a. I can't imagine *John* driving a car carefully.
（ジョンが安全運転しているなどとは想像できない）

　　b. I admire the people driving a car carefully.
（安全運転している人たちを称賛する）

　　c. *John* driving a car carefully, his father allowed him to buy a new car.
（ジョンが安全運転しているので，父親は彼に新車を買うのを認めた）

(10a) の動名詞と (10c) の副詞的用法の現在分詞では，それぞ

れ独自の主語（斜字体の John）が現れています。(10c) は分詞構
文が主節の主語と異なる独自の主語を持つ「独立分詞構文」と呼
ばれるものです。(10b) の形容詞用法の現在分詞では，直前の
the people は，現在分詞 driving a car carefully の修飾を受ける
被修飾語であり，現在分詞の主語ではありません。形容詞用法の
現在分詞には，独自の主語が現れることはありません（*the peo-
ple *their children* driving a car carefully がダメであることを参照）。と
すると，動名詞と少なくとも形容詞的用法の現在分詞との間に
は，顕在的な主語の出現に関して相違があるように思われます。

　形容詞的用法の現在分詞が独自の主語を持つことができないの
は，この用法の現在分詞に原因しているというよりも，形容詞全
般の働き自体に原因しているものと考えられます。形容詞には下
記 (11a) のような名詞を修飾する「限定用法」と (11b) のような
be 動詞の後ろに生じる「叙述用法」と呼ばれる二つの用法があ
ります。限定用法では，それが修飾する被修飾語が形容詞の主語
となっており，叙述用法では，それが叙述する主節の主語が形容
詞の主語の働きをしています。したがって，それらの主語（太字）
とは別に形容詞が独自の主語（斜字体）を取ることはありません。

(11) a. **the student** anxious to study English

　　　（英語を学びたがっている学生）

　　***the student** *her mother* anxious to study English

　　　（母親が英語を学びたがっている学生）

b. **The student** is anxious to study English.

　　　（その学生は英語を学びたがっている）

　　***The student** is *her mother* anxious to study English.

第8章　動名詞と現在分詞はどう違うのか？　　99

（その学生は，母親が英語を学びたがっている）

　形容詞（的用法）全般にこうした制限があるので，現在分詞の形容詞用法でも独自の主語が現れることがないのです。

8.4.　主語の格

　動名詞と現在分詞が顕在的な主語を取る場合の，その主語の「格」について考えてみましょう。現代英語では格変化が衰退しておりあまり明確には見られませんが，人称代名詞（たとえば，he-his-him）および普通の名詞の所有格（たとえば，John's やthe student's）に格変化が見られます。人称代名詞では主格と目的格が he と him のように形が異なりますが，普通の名詞ではどちらも John や the student のように区別がありません。区別がないどころか，格変化しているのか分かりません。ここでは，名詞は人称代名詞であろうと普通の名詞であろうと，格変化しているものと考えることにしましょう。普通の名詞の場合，主格も目的格も共通の形——外見的に変化が見られない形——をしています。John likes me. の John は主格，I like John. の John は目的格という格を持っている（格変化している）と考えることにしましょう。

　動名詞の主語は所有格の形でも目的格の形でも現れますが，副詞的用法の現在分詞の主語は主格の形で現れます。所有格の形で現れることはありません。こうした意味上の主語の格の相違が，従来動名詞と現在分詞を区別して扱う必要性の有力な根拠の一つになっていました。

100

(12) a.　I appreciate {them / their} helping me.

（彼らが助けてくれることに感謝している）

　　 b.　I appreciate {John / John's} helping me.

（ジョンが助けてくれることに感謝している）

(13) a.　{He / *His} being a liar, no one will believe him.

（『現代英文法辞典』, 10)

（彼がうそつきなので，誰も彼のことを信じないだろう）

　　 b.　{John / *John's} being a liar, no one will believe him.

（ジョンがうそつきなので，誰も彼のことを信じないだろう）

　まず，なぜ動名詞ではその主語が目的格にも所有格にもなるのかという点について，考えてみましょう。上で（96頁），動名詞も現在分詞もある面では節の性質をしていることを見ました。さらに，(12) の動名詞は，他動詞の目的語の位置に現れている点に注目してください。他動詞の目的語の位置に現れる節（不定詞節）には，その節の主語が他動詞の影響を受けて目的格になることがあります。次の (14a) の斜字体は，(14b) との比較からして，主語と述部を備えた，他動詞に続く従属節と見ることができます。その従属節の主語が目的格の him になっています。

(14) a.　I believe *him to be honest.

　　 b.　I believe *that he is honest.

(14a) の節（斜字体）は，(14b) の that のような節の始まりを合図する接続詞などがないので，小さな節——小節（small clause）——と呼ばれることがあります。小節は「軽装備」なので，主節と

第8章　動名詞と現在分詞はどう違うのか？　　101

の境目が薄く，主節の他動詞の影響が小節の主語に及び，小節の主語が目的格になっているのです。

　同じように（12）の動名詞についても，目的語の位置に小節が生じており，その主語が直前の他動詞の影響を受けて目的格になっている，と考えることができます。その証拠として，動名詞が他動詞の影響を受けないような位置——たとえば，主語の位置や be 動詞の後ろ——に現れるときには，その主語が目的格にはなりにくいという事実を指摘することができます。[1]

(15) a.　{His / *Him} saying that surprised us.

　　　　　　　　　　　（Celce-Murcia and Larsen-Freeman (1983: 475)）

　　　　　　（彼がそんなことを言ったことが我々を驚かせた）

　　b.　*Him leaving was unexpected.　　（Battistella (1983: 3)）

　　　　　　（彼が出て行ってしまったことは予想外だ）

　　c.　*It was John kissing Mary that upset everyone.

　　　　　　　　　　　　　　　　　　　　（Reuland (1983: 141)）

　　　　　　（みんなを動転させたのはジョンがメアリーにキスしたことだ）

　動名詞の主語の格が目的格以外に所有格となるのは，動名詞が〜ing 形の名詞的用法であることと関係しています。名詞的用法とは，名詞句が現れ得る位置に生じるような用法ということでした。〜ing 形が名詞的用法で用いられるためには，名詞句としての性質を持っていなければなりません。名詞句の性質として，そ

---

　[1] 主語が目的格である動名詞が主語位置に現れることできるとする専門論文もありますが，この位置では，主語が所有格である動名詞のほうをより積極的に選ぶ傾向があるようです（Huddleston and Pullum (2002: 1193)）。

102

の内部に主語が生じる時には，一般的に，その主語が所有格になります。

(16) a. {his / *him} discovery of the new planet
（彼の新惑星の発見）

b. {the train's / *the train} arrival at the station
（列車の駅の到着）

動名詞も，名詞が生じる位置に現れる場合には，主語に関して名詞句的な性質を持つことになり，その内部に現れる主語は所有格となるのです。

主語が所有格である動名詞は，名詞句的ですから，名詞句が現れ得る位置ならばどのような位置——他動詞の目的語の位置，主語の位置，前置詞の目的語の位置，be 動詞の補語の位置——にも現れることができます。この点で，(15) でみた，主語が目的格である動名詞とは異なります。

(17) a. We ignored his saying that.
（我々は，彼がそんなことを言ったのを無視した）

b. His saying that surprised us.
（彼がそんなことを言ったことが，我々を驚かせた）

c. We were surprised at his saying that.
（我々は，彼がそんなことを言ったことに驚いた）

d. It was his saying that that surprised us.
（我々を驚かせたのは，彼がそんなことを言ったことだ）

先に，動名詞は節（およびその一部である動詞）の性質を持っていると言いましたが，主語に関しては名詞句的な性質も備え

第8章 動名詞と現在分詞はどう違うのか？　103

持っているわけです。名詞が現れる位置に生じるためには外観が名詞句でなければなりません。ちょうどディズニーランドという環境で活躍するにはディズニーのキャラクターの外観をしなければならないのと似ています。そこで，中身は人間ですが，外観はミッキーマウスのようなかぶりものをまとうことになります。動名詞も，中身は節（その一部として動詞を含むの）ですが，外側は名詞句の性質を備えています。このように，動詞と名詞の両方の性質を備えているので，「動」「名」詞と言われるわけです。

　一方，副詞的用法の現在分詞（すなわち，分詞構文）に主語が顕在的に現れる時（つまり，独立分詞構文の場合）には，上記(13)で見た通り，主格になります。副詞的な要素は，2.1 節で見たように，文構成の上で随意的な要素です。随意的な要素は，義務的な要素に比べて，文に組み込まれる度合いが緩やか，換言すれば，独立性が高い，ということができます。副詞的用法の現在分詞は主節から独立性が高いので，そこに主語が生じる時には，独立文の主語と同じように主格になるものと考えられます。

8.5.　分離擁護論を見直す

　〜ing 形の中には，明らかに現在分詞（および，これまで見てきた動名詞）とは異なるものがあります。次例は 〜ing 形をしていますが，いくつかの点で現在分詞（および，これまで見てきた動名詞）とは異なっています。

(18)　We appreciate (iii)*the* (ii)*generous* giving (i)*of money to UNESCO.*

（我々は，ユネスコへの寛大な寄付に感謝している）

まず (18) では，(i) 目的語の前に前置詞の of が現れています。
次に (ii) 動詞を修飾する語が，副詞の generously ではなく形容
詞の generous です。さらに (18) では，所有格または目的格の
主語ではなく，(iii) 冠詞の the が現れています。これらはいず
れも，現在分詞には見られないものです (8.2 節の (7), (8) と比較
せよ)。このような現在分詞 (および通常の動名詞) には見られな
いような特徴を持った「動名詞」が存在するので，動名詞を現在
分詞とは区別しなければならない，と論じられてきました。

　(18) について見た三つの特徴 (i)–(iii) はいずれも，名詞句に
おいて見られるものです。たとえば，to discover the planet
luckily の動詞 discover を名詞 discovery に換えると，次のよう
な名詞句ができます。

　(19)　(iii)*the* (ii)*lucky* discovery (i)*of* the planet
　　　　（惑星の幸運な発見）

　(19) の名詞句には，(i) 目的語の前に前置詞 of が現れており，
(ii) 名詞の修飾語は，副詞ではなく形容詞であり，さらに (iii)
主語の代わりに冠詞 the が現れています。

　とすると，(18) の ～ing 形は動名詞ではなく，純粋な名詞で
あるということができます。(18) の -ing と現在分詞を作る -ing
とは，形は同じですが，別の種類のように思われます。

　-ing のように，単独で生じることができずに，常に動詞や名詞
に接着して生じる要素は，「接辞」と呼ばれます。接辞には，名
詞の複数形を作る -s のように，品詞を変えることなく文法上の

第8章 動名詞と現在分詞はどう違うのか？   105

変化（単数から複数への変化）をもたらす「屈折接辞」と呼ばれるものと，-(t)ion や -al のような動詞に付加して新たに名詞を作り出す「派生接辞」と呼ばれる 2 種類があります（81 頁の (7) を参照）。現在分詞（および，これまで見てきた動名詞）に含まれている -ing は，品詞を変えることのない屈折接辞であるのに対して，**(18) の -ing は動詞を名詞に変える派生接辞**と考えることができます。(18) の 〜ing 形は動名詞というよりも完全な名詞なので，完全に名詞の特徴を示しているのです。(18) のような 〜ing 形が動名詞でないとなれば，(18) のような現在分詞とは異なる性質の「動名詞」があるから動名詞と現在分詞を同一視することはできない，という議論（分離擁護論）は成り立たなくなります。

　もう一つ，動名詞と現在分詞を区別する根拠として，下記 (20) のような名詞を修飾する 〜ing 形が，右側に示したような異なった 2 通りの意味で解釈される，という点が挙げられます。動名詞と現在分詞の区別がないのであれば，解釈も 1 通りになるはずです。伝統的に，「〜している」という解釈になるのは現在分詞，目的や用途などの解釈になるのが動名詞という具合に区別されています（Inspire, 273）。

(20) a.　smoking room（煙を出している部屋）［現在分詞］
　　　　　smoking room（喫煙室）［動名詞］

　　 b.　sleeping baby（寝ている赤ん坊）［現在分詞］
　　　　　sleeping car（寝台車）［動名詞］

　　 c.　walking dictionary（歩く辞書／生き字引）［現在分詞］
　　　　　walking stick（歩行用杖）［動名詞］

これらの例で動名詞とされている 〜ing 形も，(18) の 〜ing

形と同様に，**派生接辞の -ing が付いた純粋の名詞である**と考えることができます。純粋の名詞も，assembly room（集会室）やfamily car（ファミリーカー），hockey stick（ホッケー用スティック）のように別の名詞の前に生じて，修飾語の働きをします。ここに挙げた assembly room のような例は，独立した単語と単語が結び付いてできる一つの「複合語」です。(20a–c) の下段の ～ing 形も名詞であるならば，従来「動名詞＋名詞」から成るとされてきた **(20) の対の下段の例は，実は「名詞＋名詞」から成る複合語**ということになります。これらの例でも ～ing 形が，上掲の assembly room のような複合語における第 1 要素と同様に，目的や用途を表しています。

　(20a–c) の下段の例が複合語であることを裏付ける根拠はないでしょうか。複合語では一般的に，最も強く発音する「主強勢」が左側の第 1 要素に来ます。

　(21)　cát-fish（なまず），flówer bed（花壇），béef-stake（ビフテキ）

この強勢のパターンが，(20) で ～ing 形が動名詞と見なされていた例にも当てはまります。～ing 形が現在分詞である上段の例では主強勢が右側の第 2 要素に来るのに対して（下記 (22) の最上段），動名詞とされてきた下段の例では主強勢が左側の第 1 要素のところに来ます（(22) の中段））。(20a–c) の下段の例の強勢パターンは，(21) の複合語の強勢パターンと一致します（(22) の最下段））。

　(22)　a.　smoking róom　b.　sleeping báby　c.　walking díctionary
　　　　　　（煙を出してる部屋）　　（寝ている赤ん坊）　　（歩く辞書）

　　　　　　smóking room　　　sléeping car　　　wálking stick

第8章　動名詞と現在分詞はどう違うのか？　　107

（喫煙室）	（寝台車）	（歩行用杖）
assémbly room	fámily car	hóckey stick
（集会室）	（ファミリーカー）	（ホッケー用スティック）

　したがって，最上段は「～ing 形＋名詞」から成る名詞句，一方中段は最下段と同様に「名詞＋名詞」から成る複合語と考えられます。最上段と中段の意味の違いは，もはや左側要素が現在分詞か動名詞かの相違による違いではありません。ここでも，従来現在分詞と動名詞を区別する根拠とされてきた現象が根拠にはなっていません。

　さらに，動名詞と現在分詞を区別する根拠として，現在分詞はもう一つの分詞である過去分詞と同じような働きや分布をするので，「分詞」として動名詞から区別しておく必要がある，という点が挙げられるかもしれません。たとえば，下記 (23) のように，現在分詞は過去分詞と同様に名詞を修飾する形容詞的な働きをします。また，(24) のように，現在分詞も過去分詞も分詞構文として現れます。さらに，(25) のように，どちらも be 動詞の後ろに現れることができます。be 動詞の後ろに現在分詞が現れれば進行形，過去分詞が現れれば受動形が作られます。

(23) a.　singing girls（歌っている少女たち）

　　 b.　stolen jewelries（盗まれた宝石）

(24) a.　Walking down the street, they happened to find a good Italian restaurant.

　　　　（通りを歩いていたら，偶然良いイタリア料理のレストランを見つけた）

　　 b.　Surrounded by tall trees, the house is dark all day

long.（高い木で囲まれているので，その家は一日中暗い）

(25) a. The girls are singing.（少女たちが歌っている）

　　 b. The jewelries were stolen.（宝石が盗まれた）

しかし，動名詞も (20) で見たように，名詞の前を生じて名詞の修飾語の働きをしますし，His hobby is collecting toys.（彼の趣味はおもちゃを集めることだ）のように，be 動詞の後ろに生じることができます。また，現在分詞と過去分詞は常に同じ環境に生じるわけではありません。過去分詞は助動詞 have の後ろに生じて完了形を作りますが，現在分詞が助動詞 have の後ろに生じることはありません。

(26) a. He has submitted the term paper.

　　 b. *He has submitting the term paper.

このように，現在分詞と過去分詞は常に同じ分布をしているわけでもありませんし，分布の部分的な共通性は動名詞についても当てはまりますから，現在分詞を動名詞から分離して，過去分詞と一緒に「分詞」として括る必要がある，という議論も成り立たないようです。

分布に基づく伝統的な動名詞と現在分詞との区別からすると，次の3文は同じような意味（「〜している時」）を表しているにもかかわらず，異なった文法項目として分類されることになります。(27a) は前置詞 in の後ろなので動名詞，(27b) のように前置詞がなければ現在分詞，(27c) は接続詞 while の後ろなので現在分詞ということになりますが，わざわざ別の文法項目に分ける必要はないように思われます。

第 8 章 動名詞と現在分詞はどう違うのか？ 109

(27) a. In walking down the street, I happened to see her.

（通りを歩いている時に，偶然彼女に会った）

b. Walking down the street, I happened to see her.

（通りを歩いていると，偶然彼女に会った）

c. While walking down the street, I happened to see her.（通りを歩いている間に，偶然彼女に会った）

8.6. その他の ～ing 形

上で見てきた以外の現在分詞の用法として，知覚動詞に続く「目的語 + ～ing 形」が挙げられます。教科書や参考書では，5 文型のうちの第 5 文型（SVOC）の一例とされています（Vision, 66; Inspire, 253; Essentials, 54）。

(28) a. I saw an old man crossing a busy street. (Inspire, 66)

（老人が交通量の多い道を渡っているのを見た）

b. I heard them singing a hymn.

（彼らが賛美歌を歌っているのを聞いた）

知覚動詞に続く ～ing 形は，学校文法のような動名詞と現在分詞を分離する立場では，動名詞か現在分詞かのいずれかに分類しなければならず，おそらく現在分詞の形容詞的用法とみなすのでしょう。ですが，知覚動詞の後ろの ～ing 形が生じている位置には普通の形容詞が現れることはありません。

(29) a. *I saw an old man afraid.

（老人が恐れているところを見た）

110

    b. *I heard them fierce.

      （彼が怒り狂っているのを聞いた）

したがって，動名詞と現在分詞を分離しようとすると，形容詞が現れることがない位置に生じている 〜ing 形を無理やり現在分詞の形容詞的用法とみなさなければなりません。一方，分離しない立場ならば，知覚動詞の後ろの名詞句はそれに続く 〜ing 形の主語の働きをしており，〜ing 形はその述部の働きをしているので，「名詞句＋〜ing 形」でもって，(12) の「名詞句＋〜ing 形」と同様に小節を成していると考えられます。ここでも小節の主語が，その直前の他動詞の影響によって目的格になっています。そして，〜ing 形を敢えて動名詞であるか現在分詞であるかに分類する必要はありません。

　現在分詞の最もよく知られている用法は，be 動詞と一緒になって，He is swimming. のように進行形を作ることです。進行形の-ing は，〜ing 形を動名詞か現在分詞かのいずれに分ける立場では，まず間違いなく現在分詞とみなされるのでしょう（Inspire, 103）。ですが，be 動詞の補語として動名詞が生じるので，動名詞とみることもできなくはありません。〜ing 形をその生じる位置に基づいて動名詞と現在分詞に分ける立場では，進行形の 〜ing でさえ，現在分詞なのか動名詞なのか確定できません。

　一方，分離しない立場では，進行形を次のような文と同じように扱うことになります。

(30)　a.　He began swimming. （彼が泳ぎ始めた）

    b.　He stopped swimming. （彼が泳ぎ終えた）

これらの文の意味は，「彼が泳ぐ」という事態が「始まる」また

第8章 動名詞と現在分詞はどう違うのか？ 111

は「終わる」ということです。主語の he は，begin や stop の主
語というよりも，"he swimming" で表されるような事態と関係
していると考えられます。そこで，少し専門的な立場では，次の
ような「元の形」から「派生した」と仮定されています。

(31) ___ begin [he swimming]

角括弧の部分は，主語 he と述部 swimming が揃っているので，
上で見た小節を成しているとみなせます。この小節によって「彼
が泳ぐ」という事態が表され，begin によってその事態が開始す
ることが表されています。小節の主語が begin の主語の位置へ
移動していく（つまり，「繰り上がって」いく）と，(30) のよう
な文が「派生」されます。10.4 節で見るように，主語の繰り上げ
は，〜ing 形ばかりではなく不定詞においても行われます。

　このように考える根拠として，たとえば次のような文が可能で
あることを挙げることができます。

(32) a.　It began raining.（雨が降り始めた）
　　　b.　There began being a riot.（暴動が発生し始めた）

(32a) の主語の it は天候の it と呼ばれるものであり，天候動詞
の raining と関係しています。(32b) の there は be 動詞と一緒
になっていわゆる there 構文（存在構文）を作ります。つまり，
天候の it や存在の there などの「虚辞」（意味が空虚な語）は，
begin と関係しているのではなく，その後方の天候を表す rain-
ing や存在を表す be 動詞と関係しているのです（48 頁）。(31)
の「元の形」では，こうした関係が的確に捉えられています。

　進行形も，まったく同じように扱うことができます。(31) の

begin の代わりに，「～の最中である」という意味の be 動詞が用いられているに過ぎません。つまり，be 動詞の後ろに「主語＋～ing」から成る小節が続いているのです。小節の主語が be 動詞の主語の位置へ移動していくと He is swimming. という進行形が「派生」します。進行形の意味は，少し分析的にいえば，「彼が泳ぐ」という事態の「最中である」という意味です。進行形でも，主語として天候の it や存在の there が現れることができることから，こうした分析の妥当性がうかがえます。

(33) a.　It is raining.

　　 b.　There is being a riot.

このように考えれば，進行形の ～ing が動名詞であるのか現在分詞であるのかを決める必要など全くありません。

　上記 (5) で，進行形の「be ＋ ～ing 形」の be を ～ing 形にすることができないことを見ました。その理由を，Ross (1972) が *It is continuing raining. を排除するのに提案した「二重 -ing の禁止」で説明しました。伝統的な文法に従って，進行形の ～ing を現在分詞，また ～ing 形の名詞的用法を動名詞，形容詞的および副詞的用法を現在分詞として，Ross の例および (5) の例の「二重の ～ing」（斜字体）を現在分詞と動名詞の用語で整理してみましょう。continue に続く ～ing 形は動名詞ということにします。

(34) a. *It is *continuing raining*.　　　　［現在分詞＋動名詞］

　　 b. *John regretted *being eating* when Mary arrived.

　　　　　　　　　　　　　　　　　　　　　　　［動名詞＋現在分詞］

　　 c. *The man *being eating* greedily is my best friend.

第8章　動名詞と現在分詞はどう違うのか？　　113

［現在分詞＋現在分詞］

d. *Being eating lunch, I could not meet her.

［現在分詞＋現在分詞］

　現在分詞と動名詞に区別するのであれば，右側に書いた3通り
の異なる組み合わせに言及しなければなりません。一方，現在分
詞と動名詞を区別しないのであれば，これまで通り簡潔に「二つ
の ～ing 形は連続しない」と述べておけばよいことになります。

　以上見てきたように，動名詞と現在分詞を区別する必然性や十
分な根拠はなく，また区別することが困難な（厄介な）場合もあ
ります。動名詞と現在分詞は多くの点で共通しているのですか
ら，～ing 形は，to 不定詞と同様に，一つの文法項目であり，
名詞用法，形容詞用法，副詞用法の三つの用法があるのに過ぎな
い，とみるのがよいように思います。この考え方に従えば，(2)
の表は次のように改められます。

(35)　準動詞の形式と用法

形式＼用法	名詞句	形容詞句	副詞句
動詞＋-ing 【～ing 形】	～ing 形 〈名詞的用法〉	～ing 形 〈形容詞的用法〉	～ing 形 〈副詞的用法〉
to＋原形動詞 【不定詞】	不定詞 〈名詞的用法〉	不定詞 〈形容詞的用法〉	不定詞 〈副詞的用法〉

　ただし，以降の章において，学校文法で扱われている ～ing 形
を取り上げて議論をする際には，理解しやすいように，動名詞，
現在分詞という学校文法の呼び方を用いていきます。

第9章　ちょっと変わった過去分詞

9.1.　分詞の形容詞的用法

　分詞には現在分詞の他に「過去分詞」と呼ばれるものがあります。過去分詞は，いわゆる現在分詞（本章では前章の議論にもかかわらず，説明の便宜上，伝統的なこの言い方を用いていきます）と同様に，形容詞的用法として名詞を修飾したり，副詞的用法として分詞構文を作ったりすることに用いられます。ここでは，過去分詞の形容詞的用法について，少し考えてみましょう。

　過去分詞と現在分詞の形容詞的用法——とりわけ，前から後ろの名詞を前位修飾する用法——は，基本的に「相補分布」します。相補分布というのは，一方が現れると他方が現れず，逆に他方が現れれば一方が現れず，両方でひとまとまりを形成するような関係です。たとえば，仮にタンポポには在来種の日本タンポポと外来種の西洋タンポポの2種類があり，一方が生息する場所には他方が生息しないようであれば，2種類のタンポポの生息は相補分布していることになります。動詞は目的語を取るか否かによっ

114

第9章 ちょっと変わった過去分詞　115

て，大きく他動詞と自動詞に分けられますが，分詞の形容詞的用
法では，原則的に，他動詞であれば過去分詞が名詞を修飾（前位
修飾）し，自動詞であれば現在分詞が名詞を修飾（前位修飾）し
ます。**他動詞の過去分詞と自動詞の現在分詞が，名詞の前位修飾
に関して，相補分布しています。**他動詞の過去分詞は「～される」
という受動の意味が，自動詞の現在分詞は「～している」「～す
る」という進行の意味が含まれています（Inspire, 247-248）。

(1)　〈他動詞の例〉

 a. a broken vase（壊された花瓶）
  cf. They broke a vase.

 b. an arrested suspect（逮捕された容疑者）
  cf. They arrested the suspect.

 c. reviewed books（書評された本）
  cf. They reviewed the books.

 d. a wounded soldier（負傷した兵士）
  cf. They wounded the soldier.

 e. stolen pictures（盗まれた絵画）
  cf. They stole pictures.

(2)　〈自動詞の例〉

 a. a crying bay（泣いている赤ちゃん）
  cf. The baby was crying.

 b. a running athlete（走っている競技者）
  cf. The athlete was running.

 c. dancing girls（踊っている少女達）
  cf. The girls were dancing.

d. chattering women（お喋りしている女性達）

cf. The women were chattering.

e. the rising sun（上昇中の太陽）

cf. The sun was rising.

◇分詞の形容詞的用法（原則）
　・他動詞ならば過去分詞形で，名詞を前位修飾。
　・自動詞ならば現在分詞形で，名詞を前位修飾。

9.2. 相補分布関係の例外

2種類の分詞の相補分布の原則が崩れることがあります。その一つが，他動詞でありながら，現在分詞で名詞を前位修飾する例です（Inspire, 248）。

(3) an exciting game（わくわくする試合），a surprising story（驚くような話），a pleasing flavor（心地よい香），an annoying call（いやがらせ電話），an amusing idea（おもしろい考え）

これらの ～ing 形の元になる動詞は，The game excited us. や The story surprised me. のように目的語を伴う他動詞です。これらの他動詞には，感情や関心など人間の「心理的な」動きを表しているので，「心理動詞」と呼ばれることがあります。

(3)の心理動詞の ～ing 形は，確かに動詞の現在分詞のように見えますが，形容詞に特有の性質を示すので，実際には形容詞で

あると考えられます。形容詞に特有な性質とは，たとえば，否定
の意味を表す接頭辞の un- は形容詞だけに付きますが（unhappy,
unkind などを参照），(3) の 〜ing 形にも付くことができます。
下記 (4) のような un- が付いた 〜ing 形は，辞書にも excite や
exciting などとは別に，独立した形容詞として掲載されています
（crying のような動詞の現在分詞は，独立した語として辞書には
掲載されることはない点に注意）。(5) に見るように，現在分詞に
は接頭辞 un- が付きません。

(4) unexciting（刺激的でない），unsurprising（驚くほどでない），
    unpleasing（楽しくない），unannoying（悩ましくない），
    unamusing（愉快でない）

(5) *uncrying, *unrunning, *undancing, *unchattering,
    *unrising

(3) の心理動詞の 〜ing 形が現在分詞ではなく形容詞である証
拠として，もう一つ，SVC 文型の seem の後ろに生じるという事
実を指摘することができます。この位置に生じることができる品
詞は，基本的に形容詞に限られます（下記の cf. を参照）。

(6) The story seems {exciting / surprising / pleasing / annoy-
    ing / amusing}.
    cf. The man seems {angry / Spanish / afraid of dogs /
    *crying / *running}.

(3) の 〜ing 形に含まれる -ing は，動詞に接着する接辞と呼
ばれますが，動詞からその現在分詞を作る屈折接辞ではなく，新
たに形容詞を作る派生接辞ということができます（屈折接辞と派生

接辞の違いについては，8.5 節を参照）。動詞に派生接辞 -ing が付いて派生した形容詞です。したがって，(3) の 〜ing 形は，他動詞の現在分詞が名詞を前位修飾している例ではありません。

　上記の囲みの原則が崩れるもう一つの例が，次のような**自動詞が過去分詞で名詞を修飾する**例です。(7) は学習参考に載っている例（Inspire, 248），(8) は専門書から引用した例です（Bresnan (1982: 30)）。

(7)　fallen leaves（落ち葉），a returned soldier（帰還兵），a retired officer（退役軍人），an escaped prisoner（脱獄兵），a faded dress（色あせたドレス）

(8)　elapsed time（過ぎし時），a widely travelled man（よく旅慣れた人），a risen Christ（甦った救世主），a stuck window（動かなくなった窓），the drifted snow（吹き溜まった雪），a lapsed Catholic（転んだカソリック教徒），failed writer（落ちぶれた作家）

　もちろん，どのような自動詞でも過去分詞が名詞を修飾できるわけではありません。*a smiled baby や *a spoken teacher が英語として不適格であることから分かるように，一般的に自動詞の過去分詞が名詞を修飾することはできません。(7)，(8) の過去分詞の元になっている動詞は，位置や状態の変化，出現，往来，発着などを表すという，特定の意味グループに属しています。fall ならば上から下への位置の移動，return ならば出兵先から本国への往来の変化，retire ならば現役から退職者への身分の変化，elapse ならば時の流れ，travel ならば位置の移動，rise ならば死から生への復活，といった具合にさまざまな「変化」を表してい

第9章　ちょっと変わった過去分詞　　119

ます。

　興味深いことには，完了形は通常「have＋過去分詞」で作られるのですが，少し古めかしい英語では「be 動詞＋過去分詞」で完了形が作られる場合がある，ということに触れている参考書があります（Inspire, 116）。be 動詞と一緒になって完了形が作られる動詞として，go, come, arrive, fall, rise, change, grow, finish など「往来・発着・変化などを表す限られた自動詞」としています（上掲書）。上で見た，過去分詞が名詞を修飾する自動詞と意味的に重なっていることに気づきますね。

◇ **例外的な自動詞**
　　・過去分詞形で名詞を前位修飾する。
　　・be 動詞と一緒になって完了形（やや古風）を作る。

　自動詞が過去分詞で名詞を修飾することも，完了形が be 動詞と一緒になって作られることも，どちらも例外的なことです。ですが，同じような意味を表す自動詞が別種の例外的な振る舞いをするのは，単なる偶然ではなさそうです。それは，(7), (8) で用いられている自動詞が，通常のように現在分詞で名詞を修飾する場合と，(7), (8) のように過去分詞形で修飾する場合との意味的な違いを比べてみると分かってきます。現在分詞による名詞修飾の場合（下記 (9) の左側）には進行の意味を表すのに対して，過去分詞による名詞修飾の場合（(9) の右側）には，完了の意味を表しています。完了の意味は，これらの過去分詞が（例外的に）be 動詞と一緒になって完了形を作る場合の意味と同じです。

(9) a. falling leaves （落ちつつある葉） vs. fallen leaves
（すでに地面に落ちている葉）

b. an escaping soldier （逃亡中の兵士） vs. an escaped
soldier （脱走兵／すでに脱走している兵士）

c. a fading dress （色が落ちて行くドレス） vs. a faded
dress （色あせたドレス／すでに色が落ちているドレス）

d. a traveling man （旅行中の男） vs. a traveled man
（旅慣れた男／旅行の経験を積んだ男）

e. drifting snow （吹き寄せている雪） vs. drifted snow
（吹き溜まった雪）

9.3. 2種類の自動詞

　動詞は，その後ろに目的語が現れれば他動詞，現れなければ自動詞という具合に，大きく2種類に分けられるのが一般的です。ですが，最近の研究では，**自動詞を2種類に分ける**のが有効であることが知られてきました。そのきっかけになったのが，イタリア語や，フランス語，ドイツ語などにおける完了形の助動詞として，多くの場合英語の have に当たる動詞が用いられるのですが，自動詞の一部には英語の be 動詞に当たる動詞が用いられることが，広く知られるようになったことです。その一部の動詞とは，少し古臭い英語で be 動詞と一緒になって完了形を作る，位置や状態の変化，出現，発着など広い意味で「変化」を表す自動詞のことです。英語でも古くは，こうした意味を表す動詞が広く be 動詞と一緒になって完了形を作っていましたが，その一部が「す

第9章 ちょっと変わった過去分詞 　121

こし古臭い英語」として現代英語にも残っているのです。[1]

　自動詞の多くは，run（走る），swim（泳ぐ），smile（笑う），speak（話す），depend（当てにする）のように，主語に現れる人の意図や意志に基づいて行われる内発的な行為を表す動詞です。このような**積極的な意図的行為を表す自動詞**を，覚えやすいように「**スル動詞**」と呼ぶことにしましょう（専門用語では，「**非能格動詞**」と言います）。一方，fall（落下する），happen（発生する），appear（現れる），arrive（到着する），fade（色があせる／消える）などは，人の意図的な行為というよりも，主語に現れるモノの位置・出現・往来・状態などについての非意図的な変化を表しています。このようなさまざまな**非意図的変化を表す自動詞**を，**ナル動詞**（専門的には，「**非対格動詞**」）と呼ぶことにしましょう。

◇ **2 種類の自動詞**
　　・スル動詞（非能格動詞）：　主語の意図的・内発的な行為を表す。
　　・ナル動詞（非対格動詞）：　モノの非意図的な変化を表す。

　同一の動詞でも，意図的であるか非意図的であるかによって，スル動詞であるかナル動詞であるかに分けられます。たとえば，

---

[1] 日本語の古語にも完了を表す助動詞にツとヌがあり，両者は次のように使い分けられていました（『日本国語大辞典，「つ」の項』）。「ぬ」は非意図的，自然推移的動作を表す動詞につき，「つ」は意志的，人為的動作を表す動詞につく。前者はナル動詞，後者はスル動詞，他動詞にそれぞれ該当します。

go や come でも，目的地を目指して行ったり来たりするときはスル動詞，意図を持たない物や時や空間などがある方向に向かうときはナル動詞です。slide なども，泥棒がこっそりと家に入り込むときやスケート選手がなめらかに滑走するときなどは，意図的な行為なのでスル動詞ですが，人が思わず足を取られて滑ったり，ドアなどが横に移動したりするときなどはナル動詞です。

　スル動詞とナル動詞には，それぞれに特有な文法的な現象が見られます。その一つが，**存在を表す There 構文**です。There 構文に現れる動詞として be が最も一般的ですが，上で触れたナル動詞，特にその中でも，存在・出現の変化を表す動詞であれば可能です。There 構文は「存在構文」と言われるように，モノの存在・出現を表す構文だからです。下記（10a）は，エミリー・ディキンソンという 19 世紀のアメリカ人詩人の詩の一節から引用したものですが，there 構文の動詞として come が現れています。(10b)はイギリス人作曲家のアーサー・サリヴァンの歌劇「ラディゴア」の中の曲名ですが，この曲名にも grow というナル動詞が現れています。(10c) は聖書の「黙示録」の一節ですが，ここにも fall というナル動詞が現れています（いずれもインターネットから収集）。

(10) a. There *came* a Day at Summer's full, Entirely for me—

（夏の盛りに，専ら私だけのための日が到来した）

b. There *Grew* a Little Flower. （小さな花が芽生えた）

c. And There *Fell* a Great Star from Heaven. Burning as It Were a Lamp

（天から巨星がまるで松明のように煌々と燃えながら落ちて

きた）

　参考書でも少し詳しいものになると，「There 構文における述語
動詞として，be の代わりに一般に［出現］を表す自動詞，たと
えば，come, appear, happen, live などが用いられる」(Shorter,
212) との解説があり，次のような例文が挙がっています。動詞
はいずれもナル動詞です。

(11) a.　Once there *lived* a king and a queen on a high
　　　　 mountain.

　　　　（昔々ある高い山に王様と女王様がいた）

　　 b.　There *appeared* a stout, tall man in the dark.

　　　　（暗闇に頑強な背の高い男が現れた）

9.4.　ナル動詞の主語の位置

　上記 (10), (11) の There 構文で興味深いのは，通常主語が現れ
る文頭の位置には虚辞（特別な意味を持っていない語）there が
現れていて，本物の主語は動詞の後ろに現れている点です。動詞
の後ろの名詞句が「本物の主語」と見なせるのは，たとえば，主
語と動詞の間に「数の一致」という現象が見られますが，There
構文では動詞の後ろの名詞句が単数形ならば動詞も単数形(There
is an apple on the desk.)，名詞句が複数形ならば動詞も複数形
になる（There are apples on the desk.）からです。There 構文で
は主語が通常の文とは異なる位置にあるので，教科書では 5 文型
とは別に，特殊な構文として取り扱うのが普通です（Vision, 12)。
この There 構文における主語の位置が，ナル動詞の主語が「元来」

124

占めている位置を示唆しています。A stout, tall man appeared in the dark. のようなナル動詞を含む文では，他の動詞の場合と同じように，**ナル動詞の主語**も動詞の手前に現れています。ですが，(11b) のナル動詞を含む There 構文では，主語が動詞の後ろに現れています。この There 構文における語順が，「元来の」主語とナル動詞の語順であると考えられます。動詞の直後の位置を，自動詞の場合も，他動詞の目的語と同様に，目的語の位置と呼んでいくことにしましょう。表面上の位置を「現住所」，もともとの位置を「本籍地」にたとえるならば (87 頁)，**ナル動詞の主語は本籍地が目的語の位置，現住所が主語の位置**ということができます。主語が本籍地に留まっているとき，現住所のところには誰も住んでいない「空き地」になっています。

(12) ___ appeared [a stout, tall man] in the dark.

こうした構造は，どこかで見覚えがありますね。そう，8.6 節でみた begin や stop，さらに be 動詞の構造です。be 動詞も存在を表すナル動詞の一つです。「空き地」の主語の位置を空いたままにしておくわけにはいかないので，そこに主語となる名詞句が移動して行けば，下記 (13a) の S + V の普通の自動詞文が「派生」します。本籍地から現住所への名詞句の移動を，専門書では**「繰り上げ」**と呼んでいます。代わりに，「空き地」に虚辞の there が挿入されれば (13b) の There 構文ができあがります。There 構文では主語が本籍地に留まっています。

(13) a. A stout, tall man appeared in the dark.

　　 b. There appeared a stout, tall man in the dark.

第9章 ちょっと変わった過去分詞　　125

$(=(11b))$

　There 構文に最も典型的に現れる be 動詞も，存在を表すナル動詞の一つですから，(13a) と (13b) とに対応するような 2 通りの文が可能です。

(14) a.　Several pictures are on the wall.

　　 b.　There are several pictures on the wall.

　ナル動詞の主語が元来目的語の位置にあるとなると，過去分詞による名詞の修飾について，おもしろい規則性が見えてきます。一般的に過去分詞が名詞を修飾するのは，他動詞の過去分詞がその目的語を修飾する場合です（たとえば，reviewed books や broken vase）。ナル動詞の場合は，自動詞がその主語を修飾しています（たとえば，fallen leaves や escaped soldiers）。ナル動詞の主語はもともと目的語の位置にあるのですから，どちらの場合も，**過去分詞は，目的語の位置にある名詞を修飾**していることになります。

(15) a.　... reviewed **the books** → the reviewed **books**

　　　　　　　　　　　　　　　　［他動詞の過去分詞］

　　 b.　... fallen **the leaves** → the fallen **leaves**

　　　　　　　　　　　　　　　　［ナル動詞の過去分詞］

　これに対して現在分詞が名詞を修飾するときは，被修飾語となる名詞は主語の位置にある名詞です。他動詞は，必ず目的語を取るので，目的語の位置はその目的語によって占められており，主語はもともと主語の位置にあると考えなくてはなりません。自動

詞のスル動詞も，多くの他動詞と同様に，主語の意図的・積極的
な行為を表しており，他動詞の主語と同様にもともと主語の位置
を占めているものと考えられます。他動詞およびスル動詞の主語
は，現住所と本籍地が一致しているのです。そして，どちらの動
詞も，**現在分詞が主語位置にある名詞を修飾**します。

(16) a. **The student** reads the book. → **the student** reading the book　　　　　　　　　［他動詞の現在分詞］

b. **The student** swims. → the swimming **student**

［スル動詞の現在分詞］

(16a) で他動詞の現在分詞が名詞を後ろから修飾（後位修飾）
しているのは，他動詞は目的語を伴うので，前から修飾（前位修
飾）できないからです。形容詞が名詞を修飾する場合も，形容詞
にとって不可欠な前置詞句を伴う場合には the students dependent upon their parents（親に頼っている学生）や the children afraid of dogs（犬を怖がっている子ども）のように，形容詞が名詞を後ろから後位修飾するのと同じです。

　分詞による名詞修飾（分詞の形容詞的用法）に関して　次のように一般化することができます。

◇**分詞による名詞修飾**
　（A）現在分詞は，主語を修飾する。
　（B）過去分詞は，（もともとの）目的語を修飾する。

　上記（B）の括弧内の「もともとの」というのは「本籍地」とい

第9章　ちょっと変わった過去分詞　　127

うことです。ナル動詞の過去分詞が修飾する名詞句は，上で見た通り，本籍地では目的語の位置にあります。また，他動詞の過去分詞が reviewed *books* のように名詞を修飾するとき，「～された」という受動の意味になります。受動文では *The books* were reviewed. のように，能動文における目的語（They reviewed *the books*.）が主語の位置に現れています。つまり，本籍地が目的語であったものが，現住所が主語となっています。他動詞の過去分詞が名詞を修飾する場合も，ナル動詞の過去分詞が名詞を修飾する場合と同じように，本籍地で目的語である名詞句を修飾しています。どちらの過去分詞も，（B）で述べられているように，目的語位置にある名詞を修飾します。

9.5.　ナル動詞の過去分詞，現在分詞による修飾

　興味深いのは，**ナル動詞に限って，fallen leaves のように過去分詞でも，falling leaves のように現在分詞でも，同じ名詞を修飾することができる**ということです。これは，ナル動詞に限って表面上の主語の本籍地と現住所が異なることと関係しています。本籍地に基づいて分詞の形が決められるとすれば，本籍地は目的語の位置ですから，前頁の（B）が適用されて，過去分詞が名詞を修飾することになります。一方，現住所に基づいて分詞の形が決められるとすれば，修飾を受ける名詞の現住所は主語の位置ですから，前頁の（A）が適用されて，現在分詞が名詞を修飾することになります。

　（17）　本籍地は目的語位置　＿＿＿　fall leaves　⇒　（B）により

過去分詞で修飾　⇒　fallen leaves

現住所は主語位置　leaves fall ＿＿　⇒　（A）により現

在分詞で修飾　⇒　falling leaves

　ナル動詞に限って過去分詞も現在分詞も同じ名詞を修飾できるという事実は，ナル動詞には表面上の現住所（動詞の手前の主語位置）とは別に，もともとの本籍地（動詞の後ろの目的語位置）があるという考え方——専門的に「非対格仮説」と呼んでいます——が適切であることを裏付けています。

◇ナル動詞の分詞による「主語」の修飾

　・元来の位置で決めるのであれば，過去分詞

　・表面上の位置で決めるのであれば，現在分詞

第 10 章　不定詞に共通した意味があるのか

　動詞に続く不定詞には，「S + V + to 不定詞」という型と，それに O が加わった「S + V + O + to 不定詞」という型があります。同じ型をしていても，不定詞の表す意味が異なるものがあります。逆に異なる型をしていても，意味が共通していることもあります。不定詞の表す意味について考えてみましょう。

10.1.　S + V + to 不定詞

　次の 2 文は，どちらも「S + V + to 不定詞」という型をしており，型という点からすると同じです。そのため，参考書によっては，同じ箇所で扱っているものもあります (Inspire, 192-194)。

(1) a.　He　seems　to be busy. （彼は忙しそうだ）
　　 b.　We　hope　to leave tomorrow morning.
　　　　（我々は明朝発つことを希望している）

129

ところが，不定詞の表す「時」の解釈に関して注目すべき解説がなされています。(1a) に関しては，次のように解説されています。

(2) 不定詞が表す動作や状態の「時」は，その文の述語動詞の表す「時」と一致するのが原則である。

(Inspire, 192，傍点は筆者)

一方，(1b) については次のように解説されています。

(3) 不定詞は特別な形を使わなくても，述語動詞が表す「時」よりも先の時間（未来）を表すことができる。

(Inspire, 194，傍点は筆者)

(1a)，(1b) どちらも述語動詞（主節の動詞）が現在時制ですが，(1a) のほうは不定詞節も「現在」のことを表しているのに対して，(1b) のほうは「未来」のことを表しています。

(2)，(3) の解説はどちらも，これらの例文についての個別的な解説ではなく，不定詞全般についての解説のようです。では，どのような場合に (2) の解説が当てはまり，どのような場合に (3) の解説が当てはまるのでしょうか。同じ不定詞に，違った 2 通りの「時」の解釈が成り立つ原因はどこにあるのでしょうか。

10.2. 不定詞の「時」

(1a) と同じように，不定詞の「時」が主節（述語動詞）の「時」と同じと解釈されるような動詞をさらに挙げると，次のような動詞があります。代表的な appear や seem の意味に合わせて「**想**

第10章　不定詞に共通した意味があるのか　　131

定動詞」と呼ぶことにしましょう。[1]

(4) appear（〜のようだ），seem（〜のようだ），happen（偶然
　　　〜する），tend（〜する傾向にある）

今度は（1b）と同じように，不定詞の「時」が主節（述語動詞）
の「時」よりも先と解釈されるような動詞を挙げてみましょう。
動詞の表す意味に基づいて整理して挙げることにします。これら
の動詞は願望，意図，努力，申し出などを表す動詞なので，まと
めて**「願望動詞」**と呼んでいくことにしましょう。

(5) a. 願望：desire（望む），want（〜したい），wish（願う），
　　　　　like（〜したい），love（〜したい），long（切望する），
　　　　　prefer（希望する），hate（〜したくない）

　　 b. 意図：plan（〜する予定だ），intend（〜するつもりだ），
　　　　　aim（〜することを目指す），decide（〜することを決め
　　　　　る），mean（〜するつもりだ），refuse（〜するのを断る）

　　 c. 努力：try（〜しようとする），attempt（〜しようと試
　　　　　みる），manage（なんとか〜しようとする），strive（〜
　　　　　しようと努力する），struggle（どうにか〜しようとする）

　　 d. 申し出：ask（〜させてほしいと頼む），beg（〜させて
　　　　　下さいと頼む），offer（〜しようと申し出る），promise
　　　　　（〜すると約束する）

---

[1] このほかに，begin，start，end，cease など「相」を表す動詞が含まれま
す。happen やこれらの相動詞の不定詞が，appear や seem と同じように「想
定」を表しているかについてはさらに検討する必要があります。

132

(5) の願望動詞は，願望や，意図，努力，申し出などを表しています から，不定詞で述べられている行為や動作がまだ実現されておらず，これから先に実現することを望んだり，実現するように努めたりすることを述べています。上の (3) でみた「述語動詞が表す「時」よりも先の時間（未来）を表す」に該当します。

一方，(4) の想定動詞は，He appears to know the situation. （彼はその状況を知っているらしい）のように現在形であれば，不定詞節で表されている内容も「現在，その状況を知っている」と想定される，ということになります。述語動詞が He appeared to know the situation. （彼はその状況を知っていたらしかった）のように過去形になれば，不定詞節で表されている内容も「過去に，その状況を知っていた」と想定された，という具合に過去のことになります。不定詞節の時は，(2) で述べられているように，「その文の述語動詞の表す「時」と一致」しています。不定詞が表す「時」に関して，次のように 2 通りあることになります。

◇ 不定詞の「時」の解釈
　・願望動詞の場合： 不定詞は，述語動詞よりも先（未来）を表す。
　・想定動詞の場合： 不定詞は，述語動詞と同じ「時」を表す。

10.3.　不定詞の意味

願望動詞の不定詞が表す「これから先のこと」というのは，ま

第10章　不定詞に共通した意味があるのか　　133

だ実現していないことです。He desires to meet Mary. では，メ
アリーに会うことを望んでいますが，実際に会うことはまだ実現
していません。He attempted to meet Mary. でも，会おうと試
みたものの実際に会うことが実現したわけではありません。**未だ
実現していない出来事や行為を，「未実現」と呼ぶことにしましょ
う**（42頁）。願望動詞に続く不定詞は「未実現」という意味を表し
ていると言えます。

　今度は，想定動詞を含む He appears to know the situation. と
いう文ではどうでしょうか。確かに「知っているらしい」と現在
のことを述べているのですが，それはあくまでも想定や推測上の
ことです。He tends to help disabled people.（彼は障害者を助ける
傾向がある）でも，不定詞は具体的な現実の出来事を述べている
のではなく，現実から切り離された「障害者を助ける」という行
為についての傾向を述べています。傾向も，話者の判断に基づく
想定上のことです。**想定や，推測，意見など，頭でめぐらす考え
のことをまとめて「観念」と呼んでいきます**。想定動詞は，その
従属節（不定詞）で「観念」という意味を表しています。

　**願望動詞に続く不定詞が表す「未実現」という意味と，想定動
詞に続く不定詞が表す「観念」という意味は，どちらも現実のこ
とではない，つまり「非現実」という点で共通しています**。実現
していないことは現実のことではありませんし，頭で考えている
観念も現実のことではありません。そこで，不定詞全般が表す意
味について次のように言うことができます。

◇不定詞の意味
　不定詞は現実ではないこと，すなわち，「非現実」を表す。

　「非現実」というのはあまり聞き慣れない用語ですが，文法では現実 realis（リアリス）ではないという意味の irrealis（イリアリス）という用語で呼ぶことがあります。不定詞には「非現実」（イリアリス）という共通した意味があると言えます。

　こうした不定詞という形式の表す意味が明らかになると，なぜ(5) の動詞がそれに続く従属節として不定詞という形式を取るかが理解できるようになります。願望動詞がその従属節で表す内容は，これから先のことについて望んだり，計画したり，努めたり，提案したりする内容，つまりまだ実現していない，現実ではない内容（非現実）です。そのため，願望動詞の従属節は，「非現実」という意味を担った不定詞という形式によって表現されることになるわけです。

　一方，(4) の想定動詞はそれに続く従属節で，想定や，推測，傾向などの「観念」を表します。その観念は，上で見たように，今という「時」に関するものですが，頭の中で考える想定や推測ですから，現実のことではありません。現実ではない内容を表す想定動詞の従属節は，「非現実」という意味を担った不定詞という形式によって表現されることになります。願望動詞および想定動詞に続く従属節は「非現実」という意味を表しており，それに相応しい準動詞の形式（すなわち，不定詞）によって表現されるのです。

10.4. 2種類の不定詞の文法的相違——繰り上げ動詞と制御動詞

　上で見た2種類の不定詞は，共通した意味を持っているものの，表す「時」が異なります。(5)の願望動詞の場合には述語動詞の「時」よりも先のこと，一方(4)の想定動詞の場合は述語動詞と同じ「時」を表します。この相違はどこに由来するのでしょうか。

　(4)の想定動詞の場合には，主語として存在のthereや天候のitが生じることができます。存在のthereや天候のitはそれ自体が意味を持っていませんので，**虚辞**（意味が空虚な語）と呼びます（14, 111頁）。

(6) a.　There seems to be a big earthquake in the next 5 years.

　　　（今後5年間に大地震がありそうだ）

　　b.　It seems to rain tomorrow.

　　　（明日は雨になりそうだ）

一方，(5)の願望動詞の主語として，こうした虚辞が生じることはできません。

(7) a.　*There desires to be a good luck among them.

　　　（彼らの間に幸運があると望んでいる）

　　b.　*It desires to rain tomorrow.

　　　（明日雨が降ることが望んでいる）

　存在のthereは存在を表す動詞beとの関係で，また天候のitは天候を表す動詞や形容詞との関係で生じる主語です。たとえばThere are many books on the shelf. で（形式上の）主語there が

現れるのは存在を表す動詞 be があるからであり，It rains. で it
が現れるのは天候を表す動詞 rain があるからです。（6a）では
be 動詞が従属節に，また（6b）でも天候動詞 rain が従属節に現
れています。したがってこうした虚辞の主語は，もともと従属節
の動詞の主語であり，それが主節の主語の所に移っていったと考
えられています。

(8)　＿＿ seem [there to be a big earthquake]
　　　　〈繰り上げ〉

　こうしたことからすると，想定動詞の主節の主語は，虚辞の場
合に限らず，元来従属節の主語であったのが主節の主語の位置へ
移って行ったと考えることができます。下位の従属節の中から上
位の主節の中へ移動することを，下から上へという意味で，**「繰
り上げ」**と言います。前章のナル動詞の主語について用いた例え
を用いれば（124 頁），主節の主語は本籍地が従属節の主語で，現
住所が主節の主語であり，本籍地から現住所へ住所変更（つまり，
繰り上げ）をした，ということができます。高校生向けの参考書
でも，こうした考え方に基づく説明をしているものもあります
（Forest, 169）。（4）のような，**従属節の主語が主節の主語の位置
へ移動する（繰り上がる）**動詞を，**「繰り上げ動詞」**と言います。
　一方，（5）の願望動詞の場合には，John desires to meet Mary.
（ジョンはメアリーに会いたがっている）の例からも分かるように，
「願望する」のは動詞 desire の主語の John ですし，「メアリーに
会う」という行為を行うのも John です。つまり，不定詞の意味
上の主語は主節の主語の John です。不定詞の意味上の主語が主
節の主語と一致しているという点では，願望動詞は，すでにみた

第 10 章　不定詞に共通した意味があるのか　　137

想定動詞とよく似ています。しかし願望動詞の場合は，想定動詞のように繰り上げが行われているとは考えられません。想定動詞の場合は，(6) で見たように，従属節の位置にある不定詞の主語と考えられる虚辞の there や it が主節の主語として現れます。不定詞の主語である虚辞が主節の主語位置へ繰り上がっていったためです。これに対して願望動詞の場合は，(7) で見たように，不定詞の述語として存在を表す be や天候を表す rain が生じていても，主節の主語として虚辞の there や it が現れることはありません。

　願望動詞の主語は不定詞の主語が繰り上がったものではなく，もともと動詞 desire の主体（つまり，「願望する人」）であると考えられます。そのもともと主節の主語である名詞句が，不定詞の意味上の主語が何であるかを「制御」（コントロール）しています。主節の主語が制御者で，見えない意味上の主語がその制御下にある被制御者という関係です。**主節内の名詞句が，見えない意味上の主語を制御するような動詞を，「制御動詞」と呼ぶことがあります。**[2]

---

　[2] 願望動詞のうち，long, like, love, hate, intend, plan, mean などの動詞では，次のように不定詞の意味上の主語が for の後ろに明示されることがあります。このような場合，不定詞の意味上の主語が主節内の名詞句によって制御されていないので，本文中の太字で示したような意味での制御動詞に当たりません。

　(i) a.　Jack longed for Bill to see Mary.

　　 b.　I intended for students to pursue a career further.

　「制御動詞」という言い方には，見えない意味上の主語が主節内の名詞句によって制御されているという意味の他に，その名詞句が不定詞節で述べられている出来事を制御しているという意味も含まれていると理解することができます。この意味では，(i) の不定詞節の for 句が存在しようとしまいと，こ

138

　制御動詞を含む文では，主節の主語がもともと存在していて，それに制御されている代名詞（下記（9）の白抜き字）が不定詞の主語の位置に潜んでいます。不定詞の主語の代名詞は主節の主語の繰り返しなので，表面に姿を現しません。

　　(9)　John desires [he to meet Mary].

制御

　想定動詞と願望動詞は，（1）で見たように表面的によく類似していますが，主節の主語の本籍地が対照的です。想定動詞の主語の本籍地は不定詞（従属節）の主語位置であるのに対して，願望動詞の主語の本籍地は主節の主語位置です。前者では本籍地と現住所が異なっていますが，後者では一致しています。

　冒頭の10.1節で不定詞の「時」には，述語動詞の「時」と同じ場合と先の場合があることを見ました。そして10.2節で，主節の動詞が想定動詞の場合には不定詞の「時」が述語動詞の「時」と同じ（同時），願望動詞の場合には不定詞の「時」が述語動詞の「時」より先であることを見ました。想定動詞は繰り上げ動詞，願望動詞は制御動詞であるとなると，不定詞が表す「時」について，次頁の囲みのように換言することができます。繰り上げ動詞，制御動詞の区別は，これまで見てきた「S + V + to 不定詞」型ばかりではなく，次に見る「S + V + O + to 不定詞」型にも成り立つので，下記のように換言しておくほうが，より一般的な規則性を得られることが期待できます。またすぐ下で見るように，両方の型で「時」の解釈が異なる点についても，納得のいく説明

れらの動詞が制御動詞であることに相違ありません。

第10章　不定詞に共通した意味があるのか　　139

ができるようになります。

◇**不定詞を取る2種類の動詞**
　　・想定動詞は繰り上げ動詞。繰り上げ動詞に続く不定
　　　詞の「時」は主節の「時」と同じ。
　　・願望動詞は制御動詞。制御動詞に続く不定詞の「時」
　　　は主節の「時」より先。

　では，なぜ繰り上げ動詞の場合に，不定詞の「時」の解釈が主
節の「時」の解釈と同じになるのでしょうか。それは，元来従属
節の主語であったものが主節の主語に繰り上がっているというこ
とと関係しているようです。主節の主語は，従属節の動詞に対す
る主語の役割と，主節の動詞に対する主語の役割の両方を兼ねて
います。そのために，主語を共有する二つの節の「時」——従属節
の動詞が表す「時」と主節の動詞が表す「時」——が一致すること
になります。

　一方，制御動詞の場合には，主節の主語と不定詞の主語が同じ
ものを指し示していますが，主節の主語は主節の動詞に対する主
語であり，不定詞の意味上の主語は不定詞内の動詞に対する主語
です。主節と従属節（不定詞節）がそれぞれ独自の主語を持って
おり，それぞれの節が節として自立しています。そのために，主
節の「時」と従属節の「時」が一致している必要はありません。
従属節の不定詞は，非現実の中でもまだ実現していない「未実現」
を表しており，もしかしたらこれから先（将来）に実現するかも
しれません。未実現を表す不定詞の「時」は，主節の動詞が表す

140

「時」よりも先（将来）ということになります。

10.5. S＋V＋O＋to 不定詞

今度は次の 2 文を比較してみましょう。上の（1）で見た 2 文の型とは異なり，動詞の直後に O（目的語）となる名詞句が現れています。

(10) a. I believe him to be a good person.
　　　　（彼が良い人であると信じている）
　　 b. I order you to take part in tomorrow's party.
　　　　（あなたに明日のパーティーに参加するよう命じる）

どちらも「S＋V＋O＋to 不定詞」という型をしていますが，(10a) と (10b) の間には，(1a) と (1b) との間に見られたと同じような「時」の相違が見られます。(10a) では，不定詞が表している「（彼が）良い人である」というのは，主節（述語動詞）の「信じている時」と同じ現在のことです。一方，(10b) では，不定詞が表す「（あなたが）明日のパーティーに参加する」のは，主節の「命令する時」よりも先（すなわち，明日）のことです。「S＋V＋O＋to 不定詞」型でも，不定詞の「時」が主節と同じ場合と先の場合とがあることがわかります。

(10a) の believe と同じグループに属する動詞として，次のようなものがあります。いずれも，考えるとか，想像するとか，仮定するなど，考えることに関係した意味を表しているので，「**思考動詞**」と呼ぶことにしましょう。

第 10 章　不定詞に共通した意味があるのか　　141

(11)　思考動詞:　assume（〜と推定する）, believe（〜と信じ
る）, consider（〜と考える）, imagine（〜と想像する）,
know（〜〈と推し測って〉知る）, presume（〜と推定する）,
posit（〜と仮定する）, suppose（〜と思う）, think（〜と思
う）

　思考動詞に続く不定詞節では, 現在の状態を表すので, be 動
詞＋形容詞または名詞が来ます ((12a))。動詞が来るときは, 状
態動詞か ((12b)), 進行形か ((12c)), 現在完了形 ((12d)) が来ま
す。動作を表す動詞が原形で現れるのは不自然です ((12e))。

(12) a.　I suppose him to be {deaf/a Spanish}.

　　　　（彼が {ろう者／スペイン人} だと思う）

　　b.　I suppose him to resemble his father most.

　　　　（彼が父親に一番似ていると思う）

　　c.　I suppose him to be swimming in the river.

　　　　（彼が川で泳いでいると思う）

　　d.　I suppose him to have already left the town.

　　　　（彼がすでに町を出たと思う）

　　e. *I suppose him to swim in the river.

　　　　（彼が川で泳ぐと思う）

　思考動詞に続く不定詞では, 信念とか, 想定, 仮定など, 頭で
考える**「観念」が表されています。**

　一方, (10b) の order と同じグループに属する動詞として, 次
のようなものがあります。これらのうち (13a) は, 9.2 節の (5a)
で見た「願望」を表す動詞です。願望を表す動詞は, 「S＋V＋to

142

不定詞」型でも「S + V + O + to 不定詞」型でも用いられるわけです。(13) の動詞は，願望の他に許可・命令・要請などを表す動詞なので，まとめて**「要請動詞」**と呼んでいくことにしましょう。

(13)　要請動詞

　　a.　願望：　desire（～するのを望む），want（～してもらいたい），wish（～することを願う），like（～してほしい），love（～するのが好きだ），prefer（～するよう希望する），hate（～してもらいたくない）

　　b　要請：　ask（～するように頼む），beg（～してくれと頼む），request（～するように要請する），require（～するように頼む），urge（～するように促す）

　　c.　許可・命令：　allow（～するのを許可する），cause（～するようにさせる），compel（～するように強制する），encourage（～するように促す），force（～するように強いる），help（～するのを助ける），lead（～するように導く），permit（～するのを許可する），order（～するように命令する），persuade（～するように説得する），prompt（～するように促す），urge（～するように迫る）

　願望も，要請も，許可も，これから先のことを頼んだり，させたりするのですから，従属節の表す「時」は主節の「時」よりも先のことです。「時」に関して，要請動詞は「S + V + to 不定詞」型の願望動詞と同じであり，思考動詞は「S + V + to 不定詞」型の想定動詞と同じということになります。

　expect に続く不定詞には，動作を表す動詞が現れる場合と，状態を表す形容詞や名詞が現れる場合があります。前者は期待を

第 10 章　不定詞に共通した意味があるのか　143

表す要請動詞（その中の願望動詞）であり，これから先のことを
述べていることになります。後者は希望的な見解を表す思考動詞
であり，不定詞の「時」は主節の「時」と同じになります。

(14) a.　I expect you to tell the truth.

　　　　（私はあなたに本当のことを述べてほしい）

　　 b.　I expect you to be punctual.

　　　　（私はあなたが時間を守る人だと思う）

「S + V + O + to 不定詞」型の不定詞が表す「時」をまとめると
次のようになります。

◇「S + V + O + to 不定詞」型の不定詞が表す「時」

　思考動詞：　主節の「時」と同じ「時」を表す。

　要請動詞：　主節の「時」より先の「時」を表す。

　では，思考動詞と要請動詞に続く不定詞の意味はどうでしょう
か。思考動詞に続く不定詞では，想定動詞と同様に，頭で考えて
いること，つまり「**観念**」を表しています。一方，要請動詞の不
定詞では，願望動詞と同様に，まだ実現していないこと，つまり
「**未実現**」を表しています。「**観念**」も「**未実現**」も現実のことで
はありませんから，前節で見たように，「非現実」としてまとめ
ることができます。「S + V + O + to 不定詞」型の思考動詞と要請
動詞は，それらに続く**不定詞の意味の点でも，「S + V + to 不定
詞」型の想定動詞と願望動詞と並行関係**になっています。

◇「**S＋V＋O＋to 不定詞**」型の不定詞の意味　「S＋V＋to 不定詞」型
　　・思考動詞は「観念」を表す。　　　　⇔　想定動詞
　　・要請動詞は「未実現」を表す。　　　⇔　願望動詞
　　・どちらも現実ではないこと，すなわち，「非現実」を
　　　表す。

10.6.　「S＋V＋O＋to 不定詞」にも繰り上げ動詞と制御動詞 がある

　では今度は，「S＋V＋to 不定詞」型の想定動詞と願望動詞について当てはまった繰り上げ動詞と制御動詞の区別が，「S＋V＋O＋to 不定詞」型の思考動詞と要請動詞についても成り立つか考えてみましょう。もし成り立てば，「S＋V＋to 不定詞」型と「S＋V＋O＋to 不定詞」型は，「時」の解釈および不定詞の意味の点ばかりではなく，繰り上げ動詞と制御動詞の区別についても並行関係になります。

　その検討に入る前に，まず，「S＋V＋O＋to 不定詞」型の動詞に続く名詞句が確かに「目的語」O であることを確認しておきましょう。たとえば，動詞の直後の名詞句を受動文の主語にすることができます。教科書などでは「能動態の O が受動態では S になる」(Vision, 44) とされていますが，O とは動詞の目的語のことです。思考動詞に続く名詞句も，要請動詞に続く名詞句も，受動文の主語にすることができます。したがって，どちらの動詞の場合も，それに続く名詞句は，その目的語であると言えます。

第 10 章　不定詞に共通した意味があるのか　145

(15) a. He is believed by many people to be the best candidate.

（彼は多くの人に，最善の候補者と信じられている）

b. She is supposed to be supporting disabled people.

（彼女は，障害者を支援していると思われている）

(16) a. He is allowed to use the university library.

（彼は大学図書館を利用することが許されている）

b. She was persuaded to take part in the race.

（彼女はレースに参加するよう説得された）

また，文全体を修飾する文副詞は文の切れ目（複文では節の切れ目）に現れることができますが，思考動詞の場合も要請動詞の場合も，主節の部分を修飾する文副詞が動詞に続く名詞句の後に現れます。その名詞句の後ろが主節の切れ目であり，それゆえ，その名詞句が主節の目的語である，と言えます。

(17) a. They believed Trump, unfortunately, to be the best candidate.

（彼らはトランプを，不幸にも，最善の候補者と信じていた）

b. He has supposed Mary, incorrectly, to be his rival's girlfriend.

（彼はメアリーを，誤って，彼の宿敵の恋人と思っていた）

(18) a. They allowed John, fortunately, to use the university library.

（彼らはジョンに，幸いにも，大学図書館を利用することを許した）

b. He persuaded Mary, luckily, to take part in the race.

（彼はメアリーに，幸いにも，レースに参加するように説得して
くれた）

　以上見てきた受動化の例 (15), (16) と，文副詞の例 (17), (18)
は，思考動詞でも要請動詞でもそれに続く名詞句は主節の O で
あることを示しています。

　ところが思考動詞の場合，それに続く名詞句が，主節の O で
はなく，従属節の主語であると思えるような事実もあります。た
とえば，従属節が that 節で表される時には，「S + V + O + 不定
詞」の O（太字）が主節の目的語ではなく，従属節である that 節
の主語（太字）になっています。

(19) a. We believe ***John*** *to be the best candidate.*
　　　 We believe *that **John** is the best candidate.*
　　　 （我々は，ジョンが最善の候補者だと信じている）
　 b. He has supposed ***Mary*** *to be his rival's girlfriend.*
　　　 He has supposed *that **Mary** is his rival's girlfriend.*
　　　 （彼は，メアリーが彼の宿敵の恋人だと思っている）

　さらに，思考動詞の場合には「S + V + O + to 不定詞」の O の
位置に存在の there や天候の it などの「虚辞」が現れることがで
きます。

(20) a. I thought there to be agreement between the two
　　　 countries.
　　　 （私は，二か国間で協定があると思っていた）
　 b. I think it to be rainy soon.
　　　 （やがて雨天になると思う）

第 10 章　不定詞に共通した意味があるのか　　147

　これらの虚辞は，従属節（不定詞節）内にある存在の be 動詞や天候動詞との主語として現れるのですから，O はもともと従属節の主語であったということになります。そうだとすると，思考動詞の O は元来従属節の主語であったものが途中から主節の目的語に資格換えをしたと考えなくてはなりません。つまり，本籍地が従属節の主語であったものが，現住所が主節の目的語に住所変更したということになります。この変更を行うのが，**従属節の主語から主節の目的語への繰り上げ**です。「S + V + to 不定詞」の想定動詞では従属節の主語から主節の主語へと繰り上げが行われましたが，「S + V + O + to 不定詞」の思考動詞では従属節の主語から主節の目的語へと繰り上げが行われているのです。

(21)　I thought ___ [there to be agreement between the two
　　　 countries] ↑___| 繰り上げ

　思考動詞で繰り上げが行われているとなれば，その従属節の「時」が主節のそれと同じであると解釈される理由が納得できます。従属節の動詞の主語が，同時に主節の動詞の目的語の役割も演じているのですから，従属節の動詞の「時」と主節の動詞の「時」は同じでなくてはなりません。ちょうど 10.4 節で見たように，「S + V + to 不定詞」型の想定動詞が繰り上げ動詞一種であり，その従属節と主節の「時」が同じであると解釈される理由と同じです。繰り上げ動詞を含む文は，主節と従属節から成る複文なのですが，節と節の境目が混然としており，ほぼ無いに等しいと言うことができます。

　これに対して，要請動詞が従属節として that 節を取る場合には，「S − V + O + to 不定詞」の O（太字）が依然として，that 節

148

の外に主節の目的語（太字）として現れます。

(22) Father persuaded **me** *to go to the department of chemistry.*

Father persuaded **me** *that I should go to the department of chemistry.*

（父親は私に，化学科に進むよう説得した）

　また，要請動詞の場合には，「S + V + O + to 不定詞」の O として there や it などの虚辞が現れることがありません。目的語の位置にある虚辞に対して，主節の動詞が表す要請や，命令，説得などを行うことなどあり得ないからです。要請や命令の対象になるのは人間に限られますから，目的語の位置に虚辞が生じることはできません。

(23) a. *He persuaded there to be agreement between them.

　　　（彼は彼らの間で合意があるよう説得した）

　　b. *I compelled it to be fine.

　　　（私は晴れるよう強いた）

　こうしたことからすると，要請動詞の O は，本籍地も現住所も主節の目的語ということができます。そして，その目的語が to 不定詞の意味上の主語の先行詞となっている，つまり，見えない意味上の主語を制御していることになります。「S + V + to 不定詞」型の願望動詞では，主節の主語が見えない意味上の主語を制御していましたが，「S + V + O + to 不定詞」型の要請動詞では**主節の目的語が従属節の意味上の主語を制御**しています。制御動詞全般が，第 5 章でみた**「最短距離の原則」に従う**ためです。

第 10 章　不定詞に共通した意味があるのか　　149

　とすると，「S + V + to 不定詞」型にも「S + V + O + to 不定詞」型にも，繰り上げ動詞と制御動詞の区別があることになります。そしてこの区別が，不定詞の「時」および不定詞の表す意味と相関しています。「S + V + to 不定詞」型であるか「S + V + O + to 不定詞」型であるかに関わりなく，繰り上げ動詞は，その不定詞が主節と同じ「時」を表し，不定詞が「観念」という意味を表しています。一方，制御動詞は，その不定詞が主節より先の「時」を表し，不定詞が「未実現」という意味を表しています。両グループの不定詞が表す「観念」も「未実現」も，「非現実」という点で共通しています。こうした相関性をまとめると次のようになります。

（24）　◇不定詞を取る 4 種類の動詞

	「S+V+to 不定詞」型	「S+V+O+ to 不定詞」型	不定詞の「時」	不定詞の意味	
繰り上げ動詞	想定動詞	思考動詞	主節の「時」と同じ	非現実	観念
制御動詞	願望動詞	要請動詞	主節の「時」より先		未実現

10.7.　to 不定詞を取る動詞

　次章で見るように，動詞がその目的語の位置に準動詞（不定詞または動名詞）を取る場合，その準動詞が不定詞になるのか動名詞になるかという問題がよく議論されます。一つ一つの動詞ごとに不定詞を取るのか動名詞を取るかを記憶するのではなく，動詞の意味からある程度予測できるといいですね。（24）の表から，目的語の位置に生じる不定詞は共通して「非現実」という意味を

150

表しています。したがって，**動詞がその従属節で「非現実」という意味—すなわち「観念」または「未実現」—を表している場合には，不定詞という形式で表現される**ということができます。

◇**不定詞を伴う動詞**

　　従属節で「非現実」という意味を表す動詞は，準動詞として不定詞という形式を取る。

　不定詞を取る動詞を，従属節の意味（「観念」または「未実現」）に基づいて整理すると，次のようになります。各動詞の訳は (4)，(5)，(11)，(13) を見ること。

(25)　a.　「観念」を表す動詞

　　　　　【S＋V＋不定詞】型

　　　　　　〈想定動詞〉：　appear, seem, happen, tend

　　　　　【S＋V＋O＋不定詞】型

　　　　　　〈思考動詞〉：　assume, believe, consider, imag-
　　　　　　　　　　　　　　ine, know, presume, posit, sup-
　　　　　　　　　　　　　　pose, think

　　　b.　「未実現」を表す動詞

　　　　　【S＋V＋不定詞】型

　　　　　　〈願望動詞〉

　　　　　　　願望：　desire, want, wish, like, love, long,
　　　　　　　　　　　prefer, hate

　　　　　　　意図：　plan, intend, aim, decide, mean, re-
　　　　　　　　　　　fuse

努力： try, attempt, manage, strive, struggle

申し出： ask, beg, offer, promise

【S＋V＋O＋不定詞】型

〈要請動詞〉

願望： desire, want, wish, like, love, pre-
fer, hate

要請： ask, beg, request, require, urge

許可： allow, cause, compel, encourage,
force, help, lead, permit, order,
persuade, prompt

　不定詞は共通して「非現実」という意味を表し，それをもう少し細分化するとおおむね「観念」と「未実現」に分けられ，その意味の区分は主節の動詞が繰り上げ動詞であるか制御動詞であるという動詞の文法上の分類と相関しています。繰り上げ動詞・制御動詞の区別は，(24)の表から明らかなように，型が「S＋V＋to 不定詞」型であるか「S＋V＋O＋to 不定詞」型であるかに関わりなく成り立ち，その区別が不定詞の「時」および不定詞の表す意味と相関しています。とてもシステマティックによくできていますね。

　「非現実」という意味を表す従属節が不定詞という形式で表現されるのは，不定詞という形式が一般に「非現実」という意味を担っているからです。従属節が，その意味に相応しい準動詞の形式によって表現されているのです。また繰り上げ動詞を含む文では主節の「時」と従属節の「時」が同じと解釈されるのは，元来従属節の主語であった名詞句が同時に主節の主語または目的語の

役割を兼ねているからです。一つの名詞句が，従属節の動詞の主語でもあり，主節の動詞の主語または目的語でもあるのですから，二つの動詞の表す「時」は同時と解釈されます。一方，制御動詞を含む文では，主節内の名詞句（主語または目的語）が従属節の見えない主語を制御しているものの，二つの役を同時に兼ねているわけではありませんから，従属節の動詞の「時」と主節の動詞の「時」は別々になります。

第11章　動名詞に共通した意味は何か

　第8章の冒頭で触れたように学校文法では，動詞が，その形に基づいて，大きく述語動詞と準動詞に分けられます。述語動詞とは時制変化している動詞（ただし，現代英語の現在形では三単現を除いて，見かけ上は原形と同形），準動詞とは時制変化していない動詞のことです。準動詞には，前章で見た不定詞のほかに，〜ing 形（動名詞と現在分詞）があります。本章では，〜ing 形が，前章で見た不定詞と同様に，動詞の後ろに従属節として生じている例を中心に見ますので，〜ing 形が名詞的に用いられている例，すなわち伝統的に動名詞と呼ばれている例について見ていくことになります。したがって，第8章で 〜ing 形の名詞的用法と見なしたにもかかわらず，〜ing 形を動名詞と呼んでいきます。

　次の（1a）と（1b）と（1c）を比較してみましょう。いずれも「S＋V＋準動詞」という点で同じです。ところが，**（1a）では準動詞として不定詞のみが許され，逆に（1b）では動名詞のみが許され，（1c）ではどちらも許されます。**

153

(1) a. He wishes to read *War and Peace.*

　　　　（彼は『戦争と平和』を読みたがっている）

　　　　*He wishes reading *War and Peace.*

　　b. He enjoys reading *War and Peace.*

　　　　（彼は『戦争と平和』を読むのを楽しんでいる）

　　　　*He enjoys to read *War and Peace.*

　　c. He likes to read *War and Peace.*

　　　　（彼は『戦争と平和』を読むのが好きだ）

　　　　He likes reading *War and Peace.*

　動詞に続く準動詞の選択はどのようにして決まるのでしょうか。なぜ，ある動詞の後ろには不定詞のみが続き，別の動詞の後ろには動名詞のみが続き，さらに別の動詞の後ろにはどちらもが続くのでしょうか。(1c) のようにどちらもが続くとき，不定詞と動名詞の間に意味的な違いはないのでしょうか。

11.1.　動名詞を取る動詞

　まず従属節として動名詞を取る動詞を，その意味に基づいて整理しておきましょう。&が付いている動詞は，不定詞も取ることができる動詞です（動名詞と不定詞の意味的相違などについては 11.3 節を参照）。

　(2) a.　記憶：　&forget（忘れる），&remember（覚えている），recall（思い出す），neglect（無視する），recollect（思い出す），&acknowledge（事実と認める）

　　b.　悲嘆・不平：　complain（不平を言う），deplore（嘆く），

第 11 章　動名詞に共通した意味は何か　155

regret（残念に思う），resent（後悔する）

c. 好悪<ruby>好悪<rt>こうお</rt></ruby>：　dislike（嫌う），detest（ひどく嫌う），dread（嫌に思う），loath（嫌悪する），enjoy（楽しむ），favor（好む），endure（我慢する），[&]like（～したがる），[&]prefer（～するのを好む），[&]love（～するのが好きだ），[&]hate（～するのを嫌う）

d. 回避：　avoid（避ける），escape（逃れる），evade（免れる）

e. 思考・陳述：　suggest（提案する），contemplate（熟考する），[&]consider（検討する），[&]report（報告する）

f. 相：　[&]begin（～し始める），[&]start（～し始める），end（～し終える），keep（～し続ける），stop（中断する），finish（やめる）

　まず，(2a) の記憶に関わる動詞は，よく知られているように，それに続く準動詞が動名詞の場合と不定詞の場合とで，準動詞が表す意味内容が異なります。下記 (3a) のように動名詞の場合には，過去に現実に起こったことについて述べているのに対して，(3b) のように不定詞の場合には，これから先に行うはずのことについて述べています。

(3) a. He remembers submitting the paper to the teacher last week.

　　　（彼は，先週先生に論文を提出したことを覚えている）

b. He remembers to submit the paper to the teacher next week.

　　　（彼は，来週先生に論文を提出すべきことを覚えている）

(4) a. She totally forgot having a wonderful trip to Switzerland.

(彼女は，スイスに素晴らしい旅をしたことをすっかり忘れていた)

b. She totally forgot to make a gorgeous trip to Switzerland.

(彼女は，スイスに豪華な旅をすることをすっかり忘れていた)

　これらの記憶や忘却を表す動詞は，さらに従属節として that 節を取ることができます。次の 2 文の that 節を比べてみましょう。唯一の違いは，主節の動詞が remember であるか think であるかという違いだけです。

(5) a. He remembers that Mary had a wonderful trip to Switzerland.

(彼は，メアリーがスイスに素晴らしい旅をしたことを覚えている)

b. He thinks that Mary had a wonderful trip to Switzerland.

(彼は，メアリーがスイスに素晴らしい旅をしたと思っている)

　(5a) では that 節で述べられている「メアリーがスイスに素晴らしい旅をした」ということが事実であり，その事実を記憶しているという意味です。一方，(5b) では，that 節の内容は同じなのですが，その内容をただ想定しているだけで，それが必ずしも事実であるというわけではありません。それゆえに，(5a) の that 節の前には the fact という名詞句を補って言い換えること

第 11 章　動名詞に共通した意味は何か　　157

ができますが，(5b) の that 節の前には the fact を補うことがで
きません (Kiparsky and Kiparsky (1971))。

(6) a. He remembers **the fact** that Mary had a wonderful
trip to Switzerland.

(彼は，メアリーがスイスに素晴らしい旅をしたという事実
を覚えている)

b. *He thinks **the fact** that Mary had a wonderful trip
to Switzerland.

(彼は，メアリーがスイスに素晴らしい旅をしたという事実
を思っている)

(5a) の主節の動詞 remember のように，that 節の内容が事実
であることを前提にして，その事実について何かを述べるような
動詞を，事実を叙述するという意味で「叙実動詞」と言います。
一方，(5b) の think のような動詞は，そのようなことを前提に
していませんから，「非叙実動詞」と呼びます。

叙実動詞と非叙実動詞の違いの一つとして，従属節が準動詞で
表現される場合，叙実動詞は動名詞で，非叙実動詞は不定詞で表
される，という際立った傾向があります。動名詞および不定詞に
替えても，(5) の that 節に見られた「事実」が前提になっている
かどうかの違いはそのまま受け継がれます。

(7) a. He remembers Mary having a wonderful trip to
Switzerland.

b. He thought Mary to have had a wonderful trip to
Switzerland.

とすると，(2a) および (2b) の**叙実動詞の従属節は**，(5a) のように that 節であるか，(7a) のように準動詞であるかに関わりなく，**「事実」という意味を表している**と考えられます。(2a) の forget, remember, neglect などや (2b) の regret, deplore などはいずれも叙実動詞であり，その従属節が「事実」を表しているということができます。そこで，動名詞という形式の意味の一つとして，「事実」という意味を挙げることができます。(2a) や (2b) の動詞の従属節は「事実」という意味を表すので，それが準動詞という形式で表現される場合に，「事実」という意味を担った動名詞という形式で表現されます。

11.2. 動名詞の二つの意味

(2c) の好悪（特に嫌悪）を表す動詞や，(2d) の回避を表す動詞は，上で見た (2a) の記憶や (2b) の悲嘆を表す動詞とは異なり，従属節として that 節を伴うことはありません。従属節として動名詞が用いられます。

(8) a. She enjoys reading.

（彼女は読書を楽しんでいる）

b. He hates talking with teachers.

（彼は教師と話すのが嫌いだ）

(9) a. She avoided meeting the men who seduced her.

（彼女は，彼女を誘惑した男に会うのを避けた）

b. He escaped being wounded in the war.

（彼は戦争で負傷するのを逃れた）

第 11 章　動名詞に共通した意味は何か　　159

　これらの動詞に続く動名詞は，出来事が「事実」であることを述べているのではなく，**「行為」**について述べています。たとえば，(8a) では，過去に読書をしたという事実を思い出して楽しんでいるわけではなく，読書という行為を楽しんでいることを述べています。同じように (9a) では，彼女に言い寄った男に会ったという事実を考えたくもないので避けたいというのではなく，彼女に言い寄る男に会うという行為を避けたという意味です。ちなみに，(8a) で用いられている enjoy を英語の辞書で調べてみると，"take delight or pleasure in (*an activity or occasion*)" ((活動や状況に) 楽しみや喜びを感じる) という語釈が与えられています。喜びの対象になるのは，活動や状況などの「行為」です。(2c) の好悪を表す動詞 (dislike, hate, detest, loath など) や，(2d) の回避を表す動詞 (avoid, escape, evade など) は，その目的語 (の位置の従属節) が「事実」ではなく，「行為」を表す動詞と言えます。

　(2e) の思考・陳述動詞に続く動名詞も「行為」を表します。下記 (10a) は経済支援の提供という行為を提案しています。(10b) は北朝鮮へのミサイル攻撃という行為について検討するという意味です。

(10) a.　They suggested offering financial support.
　　　　　(彼らは経済的支援の提供を申し出た)

　　　b.　They consider attacking North Korea by ballistic missiles.
　　　　　(彼らは北朝鮮への弾道ミサイル攻撃を検討している)

　(2f) の相を表す動詞に続く動名詞も，「行為」を表します。相

というのは，行為の始まり，最中，継続，終了など，行為のさまざまな局面のことを言います。(11a) は歌うという行為を開始したことを，(11b) はソナタを演奏するという行為を終了したことを，それぞれ表しています。

(11) a.　She began singing. (彼女は歌い始めた)
　　 b.　They stopped playing the sonata.
　　　　　(彼らはそのソナタを演奏するのを終えた)

　相というのは，上述のように，一続きの行為のさまざまな局面のことです。したがって，相を表す動詞は，さまざまな局面を持ち得るような時間的幅のある行為や動作を表す動詞(句)と一緒に現れることができますが，一瞬にして動作が完了することを表すような動詞(句)とは一緒に現れることはできません。(11a) のsing (歌う) や，swim (泳ぐ)，read books (読書する) などは，続けようと思えばいくらでも続けることができますので，それらの行為にはさまざまな局面が生じてきます。(11b) の play the sonata (そのソナタを演奏する) や，read a book (一冊の本を読む)，write the letter (その手紙を書く) などは，終わりがあるもののその終わりに至るまでにある程度の時間的幅を要しますので，それらの行為にもさまざまな局面が生じてきます。それに対して，reach the goal (ゴールに到着する) とか cross the border (国境を超える) とか find the key (そのカギを見つける) などは一瞬にして終了する行為ですから，たとえば到着の始まり，その途中，その終了などといった相がありません。[1] したがって，こうした動詞句

_____

[1] sing のように続けようと思えばいくらでも続けられる動作を表す動詞を

第11章　動名詞に共通した意味は何か　　161

は begin や keep, remain, end などの相動詞と一緒に現れることはありません。

(12) *He {began / kept / stopped / ended} reaching the goal.

（彼は目的地に到着 {し始めた／し続けた／するのをやめた／し終えた}）

以上見てきたように，**動名詞には，「事実」という意味の他に「行為」という意味があるもの**と考えられます (Declerck (1991: 496))。

◇**動名詞の二つの意味**
　　動名詞は「事実」または「行為」を表す。

11.3.　動名詞と不定詞の両方を取る動詞

(2) に挙げた動詞のうち，& が付いている動詞は動名詞も不定詞も取ることができます。たとえば，(2c) の好悪を表す動詞の中でも like, love, hate などは，動名詞も不定詞も取ることができ，

行為動詞 (activity verb), play the sonata のように一定の時間に経て終わりに至る行為を表す動詞を到達動詞 (accomplishment verb), reach the goal のような一瞬にして達成される動作を表す動詞を達成動詞 (achievement verb)と呼びます (Vendler (1967))。accomplishment verb と achievement verbの訳語として，こことは反対の訳語を当てている著書や論文もありますが，到達の「到」は一定の時間をかけて到るという意味ですから，accomplishment verb の訳語として，一定の時間をかけて達成するという意味の「到達動詞」が相応しいものと思われます。

あまり意味の違いがないと言われています（Forest, 218-219）。ところが，不定詞は「未実現」または「観念」を（10.3節），動名詞は「事実」または「行為」をそれぞれ表すという相違に着目すれば，両者の微妙な意味的相違が浮かび上がってきます。下記(13a) の好悪を表す動詞に続く不定詞は，まだ現実に起きていないことについての希望や予定を表しています。したがって，将来を表す時の副詞や条件節を続けることができます。一方，動名詞の (13b) は現実に行われている習慣的な「行為」を表しています。習慣を表す副詞的な要素を続けることができます。

(13) a.　I like to help them（next week／if they need my help).

　　　　（{来週／必要とするならば} 彼らを手伝ってあげたい）

　　 b.　I like helping them（every weekend／as usual).

　　　　（{毎週末／いつも通りに} 彼らを手伝ってあげるのが好きだ）

like を would like（〜したい）とすると，専ら希望や願望を表します。その場合は「未実現」を表す不定詞に限られます。動名詞では，これから先の希望や願望を表すことができません。

(14)　I would like {to help／*helping} them.

　　　（彼らを手伝ってあげたい）

好悪動詞の中でも，dislike, detest, dread, loath のような否定的な感情（嫌悪）を表す動詞は不定詞を取りません。これらの動詞は現時点での行為に対する嫌悪を表しており，これらから先の嫌悪の予測を表しているわけではありません。そのため，「非現実」を表す不定詞を伴うことができません。嫌悪を表す動詞で

第11章　動名詞に共通した意味は何か　　163

も hate は，「（将来）～したくない」という否定の願望の意味を
表すことがあるので，不定詞を取ることもできます。次例では，
今から先に話したくないという願望の意味です。

(15)　I hate to tell the news to her.

　　　（彼女にはその知らせを話したくない）

(2e) の思考・陳述動詞のうち，report と consider は両方を取
ることができます。report がその後ろに動名詞を伴う時は，その
報告が事実であると解釈されますが，不定詞を伴う時は，そのよ
うな解釈が成り立ちません (Kiparsky and Kiparsky (1971: 360))。

(16)　a.　They reported the enemy's having suffered a deci-
　　　　　sive defeat.

　　　　　（敵が決定的な敗北を被ったという事実を報告した）

　　　b.　They reported the enemy to have suffered a deci-
　　　　　sive defeat.

　　　　　（敵が決定的な敗北を被ったようだと伝えた）

consider についても，動名詞を伴う時は動作について検討す
ることを表し，一方不定詞を伴う時はこれから先のことについて
の見通しを述べており，両者の間に微妙な意味の違いがありま
す。(17a) の動名詞では，弾道弾ミサイルよる北朝鮮攻撃という
行為の実際の手順とかシュミレーションについて検討することを
表しています。(17b) の不定詞では，弾道ミサイルよる北朝鮮攻
撃を将来的に実施しようと考えているという意味になります。

(17)　a.　They consider attacking North Korea by ballistic

missiles.

（彼らは弾道ミサイルによる北朝鮮攻撃という行為を検討している）

b. They consider to attack North Korea by ballistic missiles.

（彼らは弾道ミサイルで北朝鮮を攻撃しようと考えている）

　相動詞の後ろにも，不定詞も動名詞も続くことができるものがあり，参考書や文法書ではどちらが続いてもほとんど意味の違いがないと言われています。ここでも動名詞と不定詞の基本的な意味を思い起こすと，微妙な意味的違いが明らかになってきます。

(18) a.　He began {to sing / singing}.（彼は歌い始めた）

　　 b.　He began {to read / reading} a book.

　　　　（彼は本を読み始めた）

　不定詞の場合は，これから歌い始めようとしているとか，開始したばかりの読書という行為のこの先の予測や期待を述べています。したがって，その後も歌うとか読書という行為が継続したとは限りません。予測に反して，継続しなかったということもあり得ます。一方動名詞の場合は，歌うとか1冊の本を読むという時間的幅のある一続きの「行為」を表していますから，その行為はその後も続くであろうことを意味しています。動名詞を伴う相動詞は，時間的幅のある一続きの行為全体の最初の局面にあることを表しています。

　同じ相動詞でも，end とか，stop, finish は不定詞を取りません。

(19) a.　He {ended / stopped / finished} swimming.

第 11 章　動名詞に共通した意味は何か　165

　　（彼は泳ぐのを止めた）

　b. *He {ended / stopped / finished} to swim.

　この事実も，動名詞と不定詞の意味の違いに原因を求めること
ができます。これらの動詞は現実に起こっている動作や出来事の
終了を表すのですから，「現実」を表す動名詞と一緒に現れるこ
とができます。ところが，未だ現実に起きていない動作や出来事
について終了されるなどということはありえませんから，これか
ら先の「非現実」を表す不定詞と一緒に生じることはできません。
　目的語位置の従属節として動名詞を取る動詞を，**従属節の表す
意味（「事実」または「行為」）に基づいて整理**すると，次のよう
になります。なお「事実」と「行為」は，167 頁で見るように，
「現実」としてまとめることができるので，(20c) では，それを
先取りして，「現実」と表してあります（各動詞の訳は 154-155 頁
の (2) を参照）。

(20) a.　「事実」を表す動詞：

　　　　　記憶：　recall, recollect, neglect

　　　　　悲嘆・不平：　complain, deplore, regret, resent

　　b.　「行為」を表す動詞：

　　　　　好悪：　dislike, detest, dread, loath, enjoy, fa-
　　　　　　　　　vor, endure

　　　　　回避：　avoid, escape, evade

　　　　　思考・陳述：　suggest, contemplate

　　　　　相：　end, stop, keep, finish

　　c.　「現実」または「非現実」を表す動詞：

　　　　　記憶：　forget, remember, acknowledge

好悪：　like, prefer, love, hate

思考・陳述：　consider, report

相：　begin, start

（20a）と（20b）は従属節としてもっぱら動名詞を取ります。これらの動詞の従属節は「事実」または「行為」という意味を表すので，そうした意味を担っている動名詞という準動詞の形式によって表現されるのです。（20c）は動名詞も不定詞も取ることができます。これらの動詞の従属節は「現実」または「非現実」という意味を表すので，そうした意味を担う準動詞の形式の動名詞または不定詞で表現されるのです。

　このように，動詞をその従属節が表す意味に基づいて分類すれば，その意味から動名詞になるか不定詞になるかを予測することができます。しかも，「事実」または「行為」を表す場合には動名詞という形式になり，「非現実」を表す場合には不定詞という形式になるのは，単なる偶然ではなく，必然であると言えます。動名詞と不定詞はそれぞれそのような意味を担った準動詞の形式だからです。

　ここで注意すべきことは，根拠なしに　動名詞は「事実」を表すと決めて，たとえば（20a）の動詞がその従属節で「事実」を表すので，動名詞という形式になっている，と述べているわけではない点です。そのような説明では，従属節が動名詞になることを，「事実」という意味的概念で言い換えているに過ぎません。本章では，たとえば（2a）の叙実動詞の従属節の意味については，動名詞とは別に，that 節に関して「事実」を表していることを確認し，その上で，叙実動詞の従属節が動名詞という形式で表現さ

第11章　動名詞に共通した意味は何か　　167

れている場合も，「事実」という意味を表しているという結論を
導き出しました。そしてこの結論を手掛かりにして，動名詞とい
う形式が担う意味の一つとして「事実」を提案しました。動名詞
が担う意味を，動名詞とは別の点から動機付け，その上で叙実動
詞の従属節が「事実」という意味を表すので，その意味に相応し
い動名詞という形式で表現されることを説明しました。動詞の従
属節の意味に基づいて，従属節が準動詞の形式で表現される場合
に，それが動名詞になるか不定詞になるかが予測できるのです。

11.4.　動名詞と不定詞の比較

　前章で，不定詞が表す「未実現」と「観念」を合わせて「非現
実」としてまとめました。本章で見た動名詞が表す**「事実」と「行
為」**についても一つにまとめるとすれば，**「現実」**としてまとめ
ることができます。「事実」はもちろん「現実」に生じた（または
生じている）ことですし，「行為」も仮定や想像上のことではな
く，具体的な営みですから「現実」です。とすると，2種類の準
動詞の**不定詞と動名詞は「非現実」と「現実」**という対関係になっ
ていることが分かります。

◇準動詞の意味
　　・不定詞は「非現実」を表す。
　　・動名詞は「現実」を表す。

　さらに，不定詞を扱った際に問題にした「時」を比較してみる

と興味深いことが分かっています。不定詞の「未実現」はまだ実現していないことですから，述語動詞が表す「時」よりも先のことを，「観念」は述語動詞と同じ「時」のことをそれぞれ表していました。一方動名詞の「事実」は多くの場合過去に実際に起こったことですから，述語動詞の「時」よりも以前の「時」を，「動作」は現在成り立つことですから述語動詞と同じ「時」を表していると言えます。これを整理すると（21）のようになります。「時」の「同時」とか「以前」「以降」というのは，主節の動詞（述語動詞）の「時」と同じ，またはそれより前，後ろということです。

（21）　準動詞の「時」と意味

「時」 準動詞	以前	同時	以降
不定詞		〈非現実〉	
		観念	未実現
動名詞	〈現実〉		
	事実	行為	

「同時」を軸にして対称関係になっています。不定詞は同時またはこれから先のことを，一方動名詞は同時または以前のことを，それぞれ表しています。不定詞の抽象的な「観念」は動名詞の具体的な「行為」と，不定詞の将来的な「未実現」は動名詞の過去の「事実」とそれぞれ対称をなしています（対称を一層明確にするには，「事実」を「実現」と言い換えてもよいかもしれません）。

　少し専門的になって難しいように思われるかもしれませんが，実は学習参考書でもこれに類することが述べられています。次の

第11章 動名詞に共通した意味は何か　　169

「準動詞の使い分け」についての解説を見てみましょう（Inspire 272-273）。

> (22)　不定詞で表現される内容はこれから起こることなので，**現実のこととして確立されていない内容**と考えられる。一方，動名詞の場合は，実際に行われているか，すでに行われたことなので，**現実のこととして確立している内容**と考えられる。（太字は筆者）

　この解説でも，「現実」として確立している，していないという表現が用いられており，本書の「現実」「非現実」と共通しています。ただ，不定詞の「現実のこととして確立されていない内容」を「これから起こること」に限定しているのは狭すぎるようです。John seems to be happy. や I think John to be happy. などは，これから起こることではなく，現時点でそのように考えていること，つまり「観念」を表しています。「観念」と，未だ起こっていないこと（つまり，「未実現」）を合わせて，「非現実」と言えます。同じように，動名詞の「現実のこととして確立している内容」を「すでに行われたこと」に限定するのは狭すぎます。He enjoys seeing movies. などでは，すでに行われたことではなく，また必ずしも現に行われていることでもありません。映画鑑賞という現実の行為や習慣のことです。「行為」と，過去に起こった出来事（つまり，「事実」）を合わせて，「現実」と呼んでいます。

11.5.　動名詞と不定詞の選択

　教科書や参考書では，目的語の位置に準動詞を取る動詞ごと

に，不定詞または動名詞のいずれを取るかを記述するのが一般的です。ですが，動詞の意味に基づいてどちらを取るかを予想できたら，一つ一つの動詞ごとに覚える必要がありません。久野・高見（2017）は，動詞を過去志向解釈動詞，現在志向解釈動詞，未来志向解釈動詞に分けて，未来志向解釈動詞であれば不定詞を，さもなければ動名詞を取るという推測方法を提案しています（上掲書，73）。動詞をうまく三つのタイプに分けられれば，有用な推測方法となることでしょう。

　この立場だと，不定詞と動名詞の両方を取る動詞については，たとえば remember には「未来に～することを覚えている」（未来志向解釈）と「過去に～したことを覚えている」（過去志向解釈）という二つの異なる意味があると仮定することになります。また未来志向動詞であればなぜ不定詞になり，それ以外であればなぜ動名詞になるのかという点について詰める必要があるように思われます。

　前章および本章の立場では，前章（25）および本章（20）で示したように，**動詞を，動詞自体の意味ではなく，その目的語位置の従属節の意味――「非現実」を表すか「現実」を表すか――に基づいて分類**しました（もちろん従属節の表す意味は，動詞の意味と深く関係していることは間違いありません）。そして，従属節が「非現実」を表す動詞は不定詞を取り，「現実」を表す動詞は動名詞を取る，という考え方を採りました。

第11章　動名詞に共通した意味は何か　171

◇**不定詞・動名詞の選択**
・従属節で「非現実」（「未実現」または「観念」）を表す動詞であれば，不定詞を取る。
・従属節で「現実」（「事実」または「行為」）を表す動詞であれば，動名詞を取る。

　従属節が「非現実」を表している場合には不定詞という形式になるのは，その形式が「非現実」という意味を担っているからであり，従属節が「現実」を表している場合には動名詞という形式になるのは，その形式が「現実」という意味を担っているからです。**従属節が表す意味から，その形式の現れ方が決まってきます。**

　また，同一の動詞が不定詞でも動名詞でも取るのは，動詞自体の意味が異なるからではなく，動詞自体の意味は同じであるのだけれども，その動詞が取る従属節が「非現実」と「現実」の両方の意味を表すからです。少し言い方を変えると，たとえば remember に続く従属節が，不定詞であるか動名詞であるかによって「非現実」の解釈にも「現実」の解釈にもなるのは，それぞれの従属節の形式（不定詞または動名詞）が異なった意味を担っているからであり，動詞の意味が異なるかではありません。どちらの形式の従属節を取っても，動詞 remember 自体の意味は同じであり，相違がありません。

第 12 章　すべての他動詞が他動詞か

12.1.　注意すべき他動詞

　ある高校教科書（Vision, 12）に，とてもおもしろい，注目に値する記述を見つけました。「文型と動詞」という単元に「注意すべき自動詞と他動詞」という項目が載っています。関係するところを引用します。点線は省略部分，点線以下は例文 7 についての解説です。

　D　注意すべき自動詞と他動詞
　　7.　We discussed the matter.［discuss（～について議論する）は他動詞］
　　　…………
　　7.　前置詞は不要（他動詞）：　動詞（V）の直後に目的語（O）がくる。ほかに marry（～と結婚する），reach（～に到着する），attend（～に出席する），approach（～に近づく），resemble（～に似る）など。

172

第12章　すべての他動詞が他動詞か　173

　例文 7 の動詞 discuss および解説で取り上げられている marry 以下の動詞がなぜ「注意すべき」なのかについては明言されていませんが，おそらく，動詞の直後に名詞句が来ており，目的語を伴う他動詞であるにもかかわらず，日本語の訳を当てはめると，通常目的語と生じる格助詞のヲではなく，ニツイテや，ト，ニであるからでしょう。日本人の学習者にとっては，とても親切な記述です。ただし，そのような動詞の典型として discuss はあまり適切ではないように思います。「日米間で貿易問題を議論する」とか「人権を論じる場合は細心の注意を要する」のように，わざわざニツイテにしなくても，通常目的語に伴うヲでも自然な日本語になるからです。それに対して，解説で取り上げられている marry 以下の他動詞は，ヲでは自然な日本語の訳にはなりません。

　引用した教科書の記載が私にとって「おもしろく」「注目に値する」と思えたのは，国語辞典で「他動詞」という項目を引いてみると，次のような説明が載っているからです。

(1) a.　たどうし【他動詞】《名》
　　　　① 英語などで，目的語をとり，主客を逆転して受動
　　　　　相を作ることのできる動詞。
　　　　② 日本語の動詞で，その作用が及ぶ対象の事柄を，
　　　　　「を」格の目的語としてとるもの。
　　　　　［用例など略］

（『日本国語大辞典』）

　　b.　たどうし【他動詞】(transitive verb)
　　　　ある客体に作用を及ぼす意味をもつ動詞。目的語が
　　　　ないと意味が完結しない。日本語では，目的語とし

て多く助詞「を」を添えて表す。「本を読む」の「読
む」の類。

（『広辞苑』，第6版）

どちらの定義も，他動詞の要件として，目的語を取ること，日
本語では目的語がヲ格を取ることを挙げ，さらに『日本国語大辞
典』では，英語で受動相（受動文）にすることができることを挙
げています。上掲の教科書では，こうした辞書の定義に反して，
目的語を取る他動詞であるにもかかわらずその目的語がヲ格を取
らないので，注意を促したのであろうと思われます。

◇ 他動詞の三つの性質

　　① 目的語を取る。

　　②（日本語では）目的語がヲ格。

　　③ 受動文にすることができる。

12.2. ヲ格を取らない他動詞は受動文にもならない

では，他動詞の上記③の性質，つまり，能動態を受動態に変え
られるという点についてはどうでしょうか。目的語がヲ以外の助
詞を取るというのは日本語の問題であり，受動文を作れるかどう
かというのは英語の問題ですから，日本語の助詞の選択に関して
例外的に振る舞うとしても，英語の受動態への変換に関しても例
外的に振る舞う（すなわち，他動詞は一般的に受動態へ変換できる
るが，これらの動詞ではできない）という相関性が成り立つとは

第12章 すべての他動詞が他動詞か 175

限りません。ところが，正しく「注目に値する」のは，他動詞で
あるにもかかわらず「例外的に」受動文にすることができないの
です。次例 (2)–(6) で，まず，目的語がヲ以外の助詞（太字）を
伴っていることを確認しておきましょう（上記②の例外）。続いて
(a) は英語の能動文，(b) はその受動文ですが，(b) の受動文は
いずれも英語の文として正しい文とは見なせません（上記③の例
外）。(b) には日本語訳が付いていますが，それらの日本語文も
日本語の文として不自然であり，正しい文とは言えません。この
点も，各自確かめてみてください。

(2) marry 〜ガ〜ト結婚する

    a. John's daughter married the rich banker.

    （ジョンの娘が裕福な銀行家と結婚した）

    b. *The rich banker was married by John's daughter.

    （裕福な銀行家がジョンの娘に結婚された）

(3) reach 〜ガ〜ニ到着する

    a. The plane reached the airport.

    （飛行機が空港に到着した）

    b. *The airport was reached by the plane.

    （空港が飛行機に到着された）

(4) attend 〜ガ〜ニ出席する

    a. Japan's representative attended the meeting.

    （日本の代表が会議に出席した）

    b. *The meeting was attended by Japan's representative.

    （会議が日本の代表に出席された）

(5) approach 〜ガ〜ニ近づく

a. The dump truck approached the elementary school students.

（ダンプカーが小学生に接近した）

b. *The elementary school students were approached by the dump truck.

（小学生がダンプカーに接近された）

(6) resemble ～ガ～ニ似ている

a. This idea resembles the Relativity Theory.

（この考えは相対性理論に類似している）

b. *The Relativity Theory is resembled by this idea.

（相対性理論がこの考えに類似されている）

　冒頭で紹介した教科書で，「注意すべき他動詞」の典型として discuss が挙げられていますが，discuss は普通の他動詞と同様に受動文にすることができます。受動文の点でも，「注意すべき他動詞」の典型例として挙げるのは，あまり適切ではないようです。

(7) a. They discussed the problem animatedly.

（彼らはその問題を活発に議論した）

b. The problem was discussed animatedly.

（その問題が活発に議論された）

　marry などの動詞は，日本語訳で目的語がヲ格を取らない点でも，受動文にすることができない点でも，他動詞の例外です。これら二つの例外的な振る舞いは，一方が日本語に関することで，他方が英語に関することなので，単なる偶然なのでしょうか。この問題を考える前に，同じように二つの点で例外的な振る舞いを

第 12 章　すべての他動詞が他動詞か　177

するほかの他動詞について見ておくことにしましょう。

12.3.　まだまだある受動化できない他動詞

　受身文にならない他動詞は，他動詞全体からすると一握りですが，一つ一つ見ていくとかなりの数になります。以下では，動詞の横に日本語の訳を付けますので，目的語に付く助詞がヲ以外であることに注目してください。例文の (a) は能動文，(b) は受動文です。(b) の受動文には日本語訳が付いていますが，その日本語訳は日本語の文として不自然であり，適格な文ではあるとは言えません。

　(8)　touch　〜ガ〜ニ接する

　　　a.　The sofa is touching the wall.

　　　　　（ソファーが壁に接している）

　　　b.　*The wall is being touched by the sofa.

　　　　　（壁がソファーに接せられている）

　(9)　meet　〜ガ〜ニ（約束して）会う

　　　a.　Jack will meet Betty.

　　　　　（ジャックはベティに会う予定だ）

　　　b.　*Betty will be met by Jack.

　　　　　（ベティがジャックに会われる予定だ）

　(10)　face　〜ガ〜ニ面する

　　　a.　Our office faces Hibiya Park.

　　　　　（我々の会社は日比谷公園に面している）

　　　b.　*Hibiya Park is faced by our office.

（日比谷公園が我々の会社に面されている）

(11) hit　〜ガ〜ニぶつかる

    a.　His car accidentally hit a big dump truck.

    （彼の車が誤って大型ダンプカーに衝突した）

    b. *A big dump truck was accidentally hit by his car.

    （大型ダンプカーが誤って彼の車に衝突された）

(12) suit　〜ガ〜ニ合う

    a.　This hat suits me exactly.

    （この帽子は私にぴったり合う）

    b. *I am suited by this hat exactly.

    （私はこの帽子にぴったり合われる）

(13) fit　〜ガ〜ニ適する

    a.　The new job fits her perfectly.

    （新しい仕事が彼女に完璧に適している）

    b. *She is fitted by the new job perfectly.

    （彼女は新しい仕事に完璧に適されている）

(14) enter　〜ガ〜ニ入る

    a.　The truck entered the Speedway Street.

    （トラックがスピードウェイ通りに入った）

    b. *The Speedway Street was entered by the truck.

    （スピードウェイ通りがトラックに入られた）

(15) escape　〜ガ〜カラ逃げる

    a.　The thief escaped the jail.

    （泥棒が刑務所から逃げた）

    b. *The jail was escaped by the thief.

    （刑務所が泥棒に逃げられた）

第 12 章　すべての他動詞が他動詞か　　179

(16)　depart　〜ガ〜**カラ**離れる

    a.　The train departed Tokyo Station at 7 P.M.

      （列車が午後 7 時に東京駅を出発した）

    b.　*Tokyo Station was departed by the train at 7 P.M.

      （東京駅が午後 7 時に列車によって出発された）

(17)　elude　〜ガ〜**カラ**抜け落ちる

    a.　The memory eluded me.

      （記憶が私から抜け落ちた）

    b.　*I was eluded by the memory.

      （私は記憶に抜け落ちられた）

12.4.　受動化できない他動詞の特徴

　受動化できない他動詞をすべて網羅したわけではありませんが，結構な数になりますね。これらの受動化できない他動詞は，一般に受動化できる他動詞の中では，「例外」的です。これらの例外的な他動詞の主語および目的語に，何か共通性はないでしょうか。

　まず主語から見ていきましょう。touch, hit, face, suit, fit, elude などの主語はいずれも「モノ」です。モノというのは，自分の意思を働かせて行為をするのではなく，非意図的に位置を移動したり，状態が変化したりする事物のことです。hit は，John hit Bill.（ジョンがビルにぶつかった）のように人が主語になることもありますが，その人は The truck hit the car.（トラックが自動車にぶつかった）におけるトラックと何ら変わりません。モノがたまたま人間であっただけであり，その人間の意図によって衝突が

生じたわけではありません。reach も The climber reached the summit of the mountain.（登山家が山頂に到達した）では主語として人が現れていますが，その人は The train reached the station.（列車が駅に到着した）における列車と何ら変わりません。どちらでも物体（人間または列車）が移動してある地点に到着したという意味です。The son resembles his father.（息子が父親に似ている）における主語も，Tokyo resembles New York.（東京はニューヨークに似ている）における主語と少しも変わりません。あるモノ（人間であれ，物体であれ，土地であれ）が他の物体と似ているということです。

　確かに marry の主語は人間に限られます。それは，たまたま結婚という制度が人間社会だけに当てはまるからです。動詞 marry が表している意味は，モノ（この場合，人間）が「未婚」という状態から「〜と夫婦である」状態へと変化したということです。モノの状態変化（この場合，人間だけに当てはまる身分の変化）を表しています。

　これらの動詞の主語は，共通してモノであるということができます。そのモノは，物体でも，動物でも，人間でも，土地でも構いません。モノですから，自らの意図を働かせて行為を行うわけではありません。

◇ 受動化できない他動詞の特徴（1）
　　主語が「モノ」である。

　同じ動詞でも，主語が自らの意図を働かせて積極的に行為を行

第12章　すべての他動詞が他動詞か　　181

うか，非意図的なモノとして位置の移動あるいは状態変化するか
によって，受動文になれるかどうかに違いが出てくることがあり
ます。主語が意図的な行為者の場合には，動詞が approach, en-
ter, near などでも受動文にすることができます。次の (a) の受
動文「駅が列車に近づかれた」というのは変な文ですが，(b) の
受動文「私は見知らぬ人に近づかれた」というのは良さそうです。
「ストーカーに近づかれた」ならば，さらに自然な日本語ですね。
見知らぬ人やストーカーが近づいてくる時は，近づこうという意
図を持って近づいてくるのですから，意図的な行為です。

(18) a. *The station was approached by the train.

　　　　　（駅が電車に近づかれた）

　　　b. I was approached by the stranger.

　　　　　（私は見知らぬ人に近づかれた）

　次の (a) の受動文「店が客に入られた」というのは不自然です
が，(b) の受動文「店が泥棒に入られた」は全く問題ないですね。
客の場合にはただ店の外から中へ移動して行くだけですが，泥棒
の場合にはこっそりと入り込もうとする強い意図があります。

(19) a. *The store was entered by a customer.

　　　　　（店が客に入られた）

　　　b. The store was entered by a thief.

　　　　　（店が泥棒に入られた）

行為が意図的に行われるかどうかによって受動文の適格性が違っ
てくるという点は，後で大事になってきます。
　今度は受動化できない動詞の目的語の方を見てみましょう。目

182

的語に付く助詞が場所を表すニ，ト，カラなどであることからして，目的語は「場所」を表していると推定できます。実際 depart や escape の目的語は離れていく場所を表しています。enter の目的語は入っていく場所です。suit や fit は衣類などが適合する場所です。hit や meet の目的語はぶつかったり会ったりする相手，つまり標的となる場所です。marry の目的語も結婚の相手，標的です。そういえば，結婚のことを「花嫁を射止める」という言い方をしますが，本来射止めるのは的，標的となる場所です。(2)–(6)，(8)–(17) で用いられている動詞の目的語は，全般的に「場所」を表していると言えます。

◇ **受動化できない他動詞の特徴 (2)**
　　目的語が「場所」である。

12.5.　一般的な他動詞の主語と目的語

　そうすると，受動文にすることができない動詞の主語は「モノ」，目的語は「場所」を表しているという共通性があるようです。こうした意味的な役割を果たしている主語と目的語の組み合わせは，一般的な他動詞——つまり，受動化できる他動詞——と比べてみると，きわめて特殊であることに気づきます。一般的な他動詞，たとえば，kick（蹴る），eat（食べる），catch（捕まえる），destroy（壊す），read（読む）などの主語は，意図的な行為・動作を行う人間（これを「動作者」と言うことにしましょう），目的語はその行為の対象となるモノを表しています。他動詞は，典型的

に，主語が「動作者」，目的語が「モノ」を表しています。

◇**一般的な他動詞の特徴**
　主語が「動作者」で，目的語が「モノ」である。

したがって，他動詞の能動態では，動作を行う人の立場から，目的語のモノに対して意図的に働きかけ，「蹴る」「食べる」「捕まえる」など動詞によって表される動作を行うことを述べています。一方受動態では，動作の影響を被るモノの立場から，動詞によって表される動作の影響が人によってもたらされることを述べています。

(20)　　　　　　　　主語　　　動詞　　　　目的語　　前置詞句
　　a.　能動態：　動作者　　動作　　　　モノ
　　b.　受動態：　モノ　　　受動動作　　　　　　　by 動作者

(20b) の受動態の型を，受動態になれない動詞を含む文の型と比べてみましょう。受動態になれない動詞の主語は「モノ」であり，目的語は「場所」でした。

(21)　主語　　動詞　　目的語
　　　モノ　　行為　　場所

(20b) の受動態の型と (21) の受動化できない動詞の型は，重要な点でよく似ていますね。どちらも主語が「モノ」であり，「モノ」の立場から出来事や行為が表現されているのです。受動態は，「モノ」の観点から出来事を描写しようとするのですが，(21) は

すでに「モノ」の観点から描写されています。そのために，reach や face など（21）の型を取る動詞は，「モノ」の観点から出来事を描写するのに，受動態にする必要がない——それゆえ受動化することができない——と考えられます。

上記（18），（19）で，approach や enter の主語が意図的に動作を行う「動作者」である時には受動文にすることができるということを見ました。この場合には，目的語は単なる場所を表しているのではなく，動作者がねらいを定めた対象物になっています。(18b) のように不審者が近づいてきたり，(19b) のように泥棒が侵入したりする場合は，目的語がねらいの対象物になります。したがって，一般的な他動詞の主語と目的語の役割（「動作者」と「モノ」）を果たしています。そのために，受動化することが可能になるのです。

12.6. 受動化できない他動詞は自動詞に似ている

受動文にすることができない動詞は，主語が「モノ」，目的語が「場所」という役割を果たしていることを見ましたが，「場所」は，目的語としてよりも，前置詞句として表現されることが多いです。たとえば，fall（～ガ～ニ落ちる），rise（～ガ～ニ昇る），sink（～ガ～ニ沈む），appear（～ガ～ニ現れる），float（～ガ～ニ浮かぶ）などの「～ニ」を伴う句は，目的語ではなく前置詞句で表現されます（例文については次頁 (23)-(26) を参照）。動詞が目的語ではなく前置詞句を伴うのですから，動詞の種類は他動詞ではなく自動詞です。これらの動詞の主語は「モノ」の役割を果たしています。

第 12 章　すべての他動詞が他動詞か　　185

(22)　主語　　　動詞　　　　前置詞句
　　　モノ　　　自動詞　　　場所

　動詞が自動詞であるという点を除けば，主語が「モノ」，動詞
に続く要素が「場所」という役割を果たしている点では，reach
や approach など受動文にすることができない他動詞の場合と同
じです。fall などの自動詞も，受動文にすることができません。
同時に，前置詞の目的語が，日本語ではヲではなくニを伴ってい
る点に注目してください。

(23)　a.　The knife fell on the floor.　(ナイフが床に落ちた)
　　　b. *The floor was fallen on by the knife.
　　　　(床がナイフに落ちられた)
(24)　a.　The sun is rising above the horizon.
　　　　(太陽が水平線上に昇っている)
　　　b. *The horizon is being risen above by the sun.
　　　　(水平線が太陽に昇られている)
(25)　a.　The ship sank into water.　(船が水に沈んだ)
　　　b. *Water was sunk into by the ship.　(水が船に沈まれた)
(26)　a.　His name did not appear on the list.
　　　　(彼の名前がリストに載っていない)
　　　b. *The list was not appeared on by his name.
　　　　(リストが彼の名前に載られていない)

　もちろん自動詞はいつでも受動文になれないというわけではあ
りません。自動詞とその直後の前置詞で「群動詞」を作るときに
は受動文にすることができるとされています (Vision, 46)。しか

186

し，(23)–(26) の「自動詞＋前置詞」も群動詞と見ることもでき
なくはありません。重要なのは，群動詞の主語が意図的な動作を
行う「動作者」かどうかという点です。次の群動詞の主語は「動
作者」であり，受動文にすることができます。

(27) a.　John depends upon his parents.

　　　　　（ジョンは両親を当てにしている）

　　 b.　His parents are depended upon by John.

　　　　　（両親はジョンに当てにされている）

(28) a.　The foreigner spoke to Mary.

　　　　　（外国人がメアリーに話しかけた）

　　 b.　Mary was spoken to by the foreigner.

　　　　　（メアリーは外国人に話しかけられた）

(29) a.　The statesmen agreed with the bill.

　　　　　（その政治家たちは法案に同意した）

　　 b.　The bill was agreed with by the statesmen.

　　　　　（法案がその政治家たちに同意された）

そうすると，動詞が自動詞であろうと他動詞であろうと，主語が
「モノ」，動詞の後ろの要素が「場所」の時には，受動文にするこ
とができない，と一般的にいうことができます。

◇ 受動化できない動詞

　　他動詞でも自動詞でも，主語が「モノ」で，（動詞または
　　前置詞の）目的語が「場所」の場合は，受動化できない。

12.7. 奇想天外な発想──受動化できない他動詞は自動詞（ナル動詞）だ

　この一般化はいいところまでいっているのですが，自動詞と他動詞とにまたがって述べている点で物足りなさが残ります。このままでは，同じことが自動詞と他動詞の両方で成り立つのは，単なる偶然のような感じがします。

　受動化できない reach や enter の目的語が「場所」を表しており，「場所」は一般的に前置詞句で表現されるとすると，これらの動詞の目的語は実は前置詞句であり，これらの動詞は他動詞ではなく自動詞であると考えてみたくなります。他動詞の reach や enter も，実は自動詞の (22) の型に当てはまる，と考えるのです（中島 (2016)）。前置詞句の前置詞は「見えない前置詞」であり，そのために前置詞句全体が目的語の名詞句のように見え，そのために動詞が他動詞のように見える，ということです。この線に沿って，(22) の型に当てはまる自動詞 fall と，「見せかけの」他動詞 enter の構造を示すと，次のようになります。角括弧は，前置詞と場所を表す名詞句でもって前置詞句を作ることを示しています。(30b) の $P_\emptyset$ はゼロ（見えない）前置詞を表しています。

(30) a.　モノ　fall　　[on　場所]
　　　b.　モノ　enter　[$P_\emptyset$　場所]

ちょっと奇想天外な考えのようですね。では，他動詞ではなく自動詞であると考えるべき根拠はあるのでしょうか。

　動詞が名詞になった場合（動詞から名詞が派生した場合）を考えてみましょう。自動詞に続く前置詞句は，自動詞が名詞になっ

188

ても変わりません。たとえば，自動詞 depend には upon 〜 が
続きますが，depend が dependence という名詞になっても upon
〜 が続きます。

(31) a. He depends upon his parents.

b. his dependence upon his parents

(32) a. They agreed with the bill.

b. their agreement with the bill

(33) a. His name appeared on the list.

b. the appearance of his name on the list

これに対して，他動詞が名詞になると，目的語がそのまま名詞
の後ろに続けないので，of で始まる前置詞句になって後続する
ことになります。

(34) a. He discovered the island.

b. his discovery of the island

(35) a. She translate the Russian book.

b. her translation of the Russian book

(36) a. The cat pursued the rat.

b. the cat's pursuit of the rat

では，marry や enter が名詞になったとき，その目的語は of で
始まる前置詞句となるでしょうか，それ以外の前置詞句となるで
しょうか。本当に他動詞であるならば，その目的語は of で始まる
前置詞句になるはずです。自動詞であれば，「見せかけの目的語」
がその他の前置詞で始まる前置詞句になるはずです。実際には，
of 以外の前置詞句になります。(37)–(40) の (b) の斜体部に注

目してください。

(37) a. John married Mary.
    b. the marriage of John *to* Mary
(38) a. The sightseeing bus entered the campus.
    b. the entrance of the sightseeing bus *into* the campus
(39) a. His idea resembles the Theory of Relativity.
    b. the resemblance of his idea *to* the Theory of Relativity
(40) a. The plane departed Boston.
    b. the departure of the plane *from* Boston

　動詞の目的語と思われた名詞句が，名詞の後ろでは of 以外の前置詞の後ろに生じているということは，本物の目的語ではないと考えられます。動詞の後ろでは「見えなかった」前置詞が名詞の後ろでは顕在化している。動詞の後ろの名詞句は実は前置詞句である。とすると，受動化できない「他動詞」は実は他動詞ではなく，(22) と同じ型に当てはまる自動詞ということになります。

　(22) の型の自動詞はどこかで見覚えがありませんか。第9章 (9.3節) で，自動詞が，主に主語の意図性に基づいて，スル動詞とナル動詞に分けられることを見ました。自動詞でありながら過去分詞形で名詞を前位修飾できるか否か（たとえば，*smiled babies vs. fallen leaves）を説明する上で有効な区分でした。スル動詞は主語の意図的な行為を表す自動詞，一方ナル動詞なモノの非意図的な変化を表す自動詞です。(22) の型の自動詞は，その主語が非意図的なモノですから，2種類の自動詞のうち，ナル動詞に該当します。ナル動詞は (23)–(26) で見たように受動化

することができないのに対して，スル動詞は (27)–(29) で見たように受動化することができます。スル動詞とナル動詞の区別は，受動化の可否を説明する上でも有効に働いています。見せかけの他動詞がナル動詞であるとなれば，ナル動詞全般が受動化できないのですから，受動化できないとしても不思議ではありません。

なお，(37)–(40) の (b) の名詞表現で，(a) の主語であったものが，一般的な他動詞の目的語と同様に，of で始まる前置詞句の後に現れているという事実も，見せかけの他動詞が実はナル動詞であると見なすことの妥当性を示しています。第 9 章で見たように，ナル動詞の主語の本籍地は，目的語の位置でした。他動詞の名詞表現で目的語の前に of が現れるのですから，見せかけの他動詞の名詞表現 (35)–(38) の (b) で表面上の主語の前に of が生じているということは，その主語はもともとは（つまり，本籍地は）目的語の位置にあったということを示しています。

12.8. 受動化できない他動詞のもう一つのグループ

最後に，受動文にすることができない，もう一つのグループの動詞を見ておきましょう。

They lack work ethic. という文は「彼らは労働倫理を欠く」と訳すよりも「彼らには労働倫理がない」と訳すほうが自然ですね。同様に The book has many errors. も，「この本はたくさんの誤りを持っている」と訳すよりも「この本にはたくさんの誤りがある」と訳すほうが自然です。「〜ニ〜ガある／ない」という訳から，主語は「場所」，目的語は「モノ」を表していると考えられます。これらの動詞も受動文にすることができません。*Work ethic is lacked by them. や *Many errors are had by the book. は英語の受動文として不適格です。

> ◇他動詞の主語が「場所」で，目的語が「モノ」の場合も，
> 受動化できない。

　前節までに見た reach などは主語が「モノ」，目的語が「場所」であったのに対して，lack などは主語が「場所」で目的語が「モノ」と逆転していますが，「モノ」と「場所」の組み合わせである点で同じです。これらの動詞の目的語に通常主語に付くガが付いていることからすると，もしかしたら，見せかけの目的語が実は主語なのかもしれません。だいぶ複雑になってきました。

　本章では，enter や reach などは見せかけの目的語を持っているので他動詞のように見えるが，実は見せかけの目的語は「見えない」前置詞（to や at など場所を表す前置詞）の目的語であり，動詞は前置詞句を伴っているので，他動詞ではなく自動詞である──とりわけ，ナル動詞である──と論じてきました。もしそうであれば，目的語は他動詞の目的語ではなく，場所を表す「見えない」前置詞の目的語なのですから，日本語訳で目的語がヲではなくニ，ト，カラといった場所を表す助詞を伴って現れるのは当然と言えます（174頁の他動詞の性質②の例外）。またナル動詞は一般に受動化できないのですから，見せかけの他動詞が受動化できないという英語の事実も当然と言えます（他動詞の性質③の例外）。これらの動詞は日本語でも英語でもナル動詞なのですから，日本語と英語という異なる言語の間で，格助詞の選択と受動化の可能

性という異質な現象に関して相関性が成り立つとしても，不思議ではありません。その相関性は，もはや単なる偶然ではなく，ナル動詞であることからして，必然と言えます。

12.9.　おわりに

　他動詞が実は自動詞であるなどという主張は，学校文法や冒頭の国語辞典の他動詞の定義からすると，眩暈がするほど奇想天外な考え方のように思われるかもしれません。ですが自然科学でも，発見は奇想天外な発想から生まれてきます。とは言っても，新しい発見が必ずしも日常生活で役立つとは限りません。物理学における相対性理論やニュートリノなどの発見が，直ちに日常生活で役立っているとは言えません。受動化できない他動詞が実は自動詞であるという考え（仮説）も，多くの根拠から正しいと裏付けられたとしても，学校文法で役立つとは限りません。おそらくその仮説自体は，学校文法の成績を向上させる上では何も役立たないでしょう。

　ですが，その仮説を導き出す発端となった，これらの他動詞の目的語はヲ格を取らないという日本語に関する事実は，少なくとも，英語の他動詞の中の受動化できない動詞を見つけ出すうえでの有効な手掛かりになるに違いありません。それと，何よりも，例外と思われる事例（ここでは，他動詞であるにもかかわらず受動化できない動詞）にも，きれいな規則性（日本語で，目的語がヲ以外の助詞を伴う）が潜んでおり，その規則性が他の規則性（自動詞の受動化の可能性）と繋がっているということを，幾分かは理解して頂けたのではないでしょうか。こうした，表面的な

現象に惑わされずに，きれいな規則性を探り出そうとすることが，言語研究，いや，学問全般の醍醐味であり，楽しみであると言えます。

第 13 章　ことばに学ぶ[1]

13.1.　ことばの研究の「斜めの」成果

　これまでの章で，「斜めからの学校英文法」の意義やその具体
例を述べてきました。英文法に対するこうした考え方は，私がこ
れまで 40 数年にわたって関わってきた言語研究への取り組み方
と無関係ではないようです。私は，これまで英語を中心としたこ
とばの研究を，40 数年間（助手になった年から数えると 45 年間）
行ってきました。その間に海外の専門誌でいくつかの論文を発表
することがありました。論文が海外の専門誌で受理されるには，
一定の理論的枠組みの中で堅固な議論を展開するという正攻法は
もちろんのことですが，それとは別に，発想の柔軟さ，着眼の斬
新さ，証拠の新鮮さなどが求められます。つまり，「正面からの

---

[1] 本章は，私の学習院大学における最終講義から，本書のテーマである「斜め
からの教育」及びそれに関連する部分を抜粋したものです。全体として，
ことばの研究から学んだ，多様性の受容や人間の尊厳の重要性について述べ
ています。

研究」に加えて「斜めからの研究」が要請されます。こうした言語研究への取り組み方が，学校英文法の教育でも，もっぱら実用性に焦点を当てた「正面からの学校英文法」に加えて，もっと洞察力や思考力の養成に力点を置いた「斜めからの学校英文法」の必要性を説くに至らせたのであろうと思います。

「斜めからの研究」の姿勢は，独自な言語分析を行う上で大切なのですが，同時に，言語研究が自分のものの考え方や価値観にどのような影響を与えてきたのかという，言語研究から少し外れた問題についても考えるきっかけを与えてくれたようです。40数年間にわたってことばを学び（研究し）ながら，同時にことばに多くのことを学んできたように思います。この最終章では，私事になるかもしれませんが，ことばに学んできたものの考え方や見方，価値観などについて——言語研究の本来の目的からすれば幾分「斜めの」成果について——少しお話してみたいと思います。

13.2. 言語学者の habit of life

私は学生時代に経済学部から人文学部の英文科に転部しましたが，それが 1967 年でしたから，今年でちょうど 50 年目になります。また助手になったのが 1972 年でしたから，英語学で生業を立て始めてから 45 年になります。長期にわたって一つの分野に関わっていると，自ずと，その分野の方法論や考え方が，生活習慣の一部になったり，ものの見方や考え方の一部になったりしてきます。作家の大江健三郎さんがノーベル賞授賞式の記念講演で，habit of life という表現を用いて，作家としての長い職業の習慣が人生の習慣になることに触れていました。科学哲学者の村

上陽一郎さんはある講演で，物理学者や数学者は道を歩いていて
も人と話していても，みな数字や数式に見えてくるということを
話されていたことがありました。

　私も，長期間にわたり言語研究を続けていますと，知らず知ら
ずのうちに，言語学的なものの見方や生成文法的な思考法が，自
分の生活の過ごし方や価値観，人生観，あるいは教育観の一部に
なってきているように思います。**研究において反復される経験
が，慣習的に形成される価値観や人生観に浸透してきます。**言語
研究を行う者のいわば habit of life として，たとえば，（A）規則
性から外れる例外に遭遇する，（B）そうした例外に対しては正攻
法では立ち行かなくなる，（C）立ち行かなくなった問題を克服で
きると，ことばの仕組みの精密さに改めて驚かされる，といった
ことをよく経験します。こうした反復的な経験から，価値観や人
生観，教育観としてどのようなことを学んできたのか，あるいは
学ぶべきなのかということを少し意識化して，お話してみたいと
思います。

13.3.　「例外」はつきもの

　まず言語研究では，どのような立場を採るにせよ，言語現象に
潜んでいる規則性を見つけ出し，それを一般的な方法で記述した
り説明したりしようとします。すると，**必ず一般的な説明から外
れる，一見面倒な「反例」や「例外」が出てきます。**例外を例外
として切り捨ててしまうと，研究はそこで止まってしまいます。
例外は一見厄介ものですが，研究を進展させ豊かなものにする上
での有望な宝の山です。

第13章　ことばに学ぶ　　197

　例外を注意深く観察すると，例外には例外なりの規則性があります。さらに掘り進めていくと，例外の規則性と「正則」の規則性との間に共通性があることに気付きます。正則と例外の規則性を包摂するようなより高度な規則性が見つけ出せるように努めます。言語研究では絶えず，「例外を出さない」「混沌とした現象の背後に，美しい規則性がある」という信念のもとで研究を行っています。

　規則的なものは，数からすると majority（多数派）であり，例外は minority（少数派）です。**この地球上や我々の日常生活には，さまざまな面で majority と minority の対比が存在しています。**性別，年齢，国籍や人種，出身地，知能の高低，経済的貧富，雇用形態の正規・非正規，性的な少数者（いわゆる LGBT）や性分化疾患，身体的・知的・発達的障害の有無，使用者数の多い言語・少ない言語などなど。2016 年 7 月に相模原市の障害者施設で起きた，元職員による入居者 19 名の殺害事件は，まだ記憶に新しいところですが，その事件の背景には，元職員の障害者，社会的弱者に対する差別的な偏見があったと言われています。私の住んでいる市の隣の市で起きた事件だけに他人事とは思えず，果たして私たちは，majority の観点から minority の立場を，非能率的な，面倒な例外として切り捨てようとしていないだろうか，と自問させられました。このほかにも，沖縄における「土人」発言や，横浜市の中学における被災地生徒へのいじめ，特定の民族に対するヘイトスピーチなど，minority への心無い差別的な言動があちらこちらで起きています。

　言語研究が教えてくれたことからすると，例外（つまり少数派）とされるグループにもきちっとした秩序があり，正則（多数派）

と例外（少数派）が協調できるような秩序を見つけ出せることを知っています。こうした経験からすると，**少数派を切り捨てるのではなく多様性を認め合い，多数派・少数派の区別のない，全体として調和のとれた発展を目指すことができるはずだと感じられます。**

Chomsky（2015）は，一つの望ましい社会の在り方として古典的自由主義を挙げ，その中心的思想家の John Stuart Mill の *On Liberty*（『自由論』）から，望ましい社会では「最大限の多様性のもとで人間が発展・発達できること」が絶対的に重要である，という見解を引用しています（"Capitalist Democracy and the Prospect for Survival," 2015: 43）。最大限の多様性を認め合い，尊重し合うことが理想的な社会にとって不可欠です。

また，Charles Darwin は『種の起源』の中で，進化生物学的に，均質・均一な種ほど絶滅に追いやられやすく，種が多様化すればするほどうまく生存する可能性が高まることを指摘しています（渡辺政隆（訳）『種の起源』上巻，199, 208）。人間という種も，さまざまな種類の多様化を認め合い，共存することによって，社会を豊かにし，活力あるものに発展させていくことができるものと思われます。

昨日（2017 年 1 月 20 日）アメリカの新大統領として Donald Trump 氏が就任しましたが，昨年 11 月の大統領選挙で Trump 氏の当選が決まると，アメリカ言語学会はその数日後の 11 月 14 日に，会長名で声明を発表しました。Trump 氏が選挙戦で掲げたアメリカ第 1 主義，移民排斥主義，保護貿易主義などを意識した内容で，「アメリカ言語学会は，多様性，共存，全てのものへの敬意の立場を支持し，とりわけ多言語主義および多文化主義

を大切にしていくことを再確認する」というものです。言語研究に携わる者ならば誰もが，言語現象や言語の種類は多様であるが，その背後にはきれいな規則性や共通性・普遍性があることを知っています。多様性を認めつつ，その背後にある共通性を見つけ出し，人間言語に共通する本質的な性質を探究する——これこそが，言語学者が共有している価値観です。アメリカ言語学会の声明は，学問的見識に基づく学会としての政治的姿勢を表明したものであり，高く評価されるべき声明です。

言語研究の例外の扱いから学んできた，**多様性の尊重，その背後にある秩序や調和の探求，決して「例外を例外としない」という姿勢**は，個人的なものの見方・考え方としても，社会の在り方としても，大切にしていかなければなりません。

13.4. 正攻法の行き詰まり

私たちは，先行研究の成果や知見を出発点にして，一定の枠組みに沿って研究を進めていきます。これは，言語研究に限らず，研究を行う上での「正攻法」です。ところが，反例や例外が出てくると，正攻法では立ち行かなくなります。そういうときには，**正攻法とは異なる見方や手法が必要**になってきます。

2008 年にノーベル物理学賞を受賞した小林誠さんは，授賞の会見で「研究には正面からと斜めからの方法がある」と述べています。正面からの方法というのは正攻法による実験や分析，地道な努力などを指し，斜めからの方法というのは，他とは異なる視点や，発想の転換，ひらめき，そして偶然などが含まれるのでしょう。よく，発見は偶然になされると言われますが，パスツー

ルが言うように，「発見は偶然になされるにせよ，用意された心にのみ起こる」ものであろうと思います。まず正面から十分に用意をし，それに加えて斜めから攻めていくことが必要です。これまでの言語研究でも，まず正攻法から着手し，それが行き詰まった時には斜めから攻めて行くことが有効であることを，何度も経験してきました。

　研究生活から会得した**「正面から，斜めからの方法」**を，**小学校や中学校などの教育の現場でも活用する**ことを提唱したことがあります（『これからの子どもたちに伝えたい　ことば・学問・科学の考え方』（開拓社，2015））。学校での教育は，教科書に書かれていることを順番に整然と教え，児童や生徒たちがそれを理解し，記憶し，定着させることを目指しています。これは正面からの教育であり，基礎学力を育む上で不可欠です。それとは別に，教科書を出発点にして教科書の内容とは異なる方向へ展開させたり，関係した別の教材を用いたりして，児童や生徒たちに自ら気付かせたり，視点や着想を変えたりする訓練が必要なように思われます。こうした斜めからの教育によって，新たな発想，独自の視点，問題解決能力などを育んでいくことができるものと思います。

　私は3年間ほど学習院初等科に科長として勤めていましたが，その間，児童に向けて，朝礼や講話の時間，始業式や終業式などの機会に，いろいろな話をしました。なるべく教科書や授業の内容と関係していて，しかも私の専門であることばや言語学に関わる話を，なるべく平明に話しかけました。児童たちは，普段の「正面からの」授業とは異なる「斜めからの授業」に，大変興味深そうに耳を傾けてくれていました。6年生の一人が，卒業の際のメッセージに，「朝礼や，終業式，始業式でお話し下さるお話は，

いつも興味深くて，ためになるお話でした。だから，私は，いつも中島先生のお話を楽しみにしていました」と，書いてくれていました。

　小学生に対してばかりではなく，大学生に授業を行うときにも，なるべく斜めからの教育に心掛けてきました。1年生の英文法の授業では毎年最終授業の折に，授業の感想を書いてもらいます。その一つ二つを紹介しますと，「先生が言っていたように，文法はすべてを暗記するのではなく本質を理解するものであるということをこの1年間の授業を通じて学ぶことができました」とか，「はじめ，大学の文法の授業は高校までに学んだものの延長上としか見ていませんでした。しかしこの1年を通じて，それまで習ったものとは全く違う新しい角度から研究されているもののように感じました」。言語研究から身に付けた「正面から，斜めから」の習性が，教育の場においても無意識裡に浸透し活かされてきたように思います。

　今教育の現場では，2020年の指導要領の大改訂に向けて，アクティブ・ラーニングを中心とした「新しい学力観」を巡って，騒がしくなってきています。しかし，従来の教科書を中心とした教育が間違っていたり，無駄であったりしたわけでありません。教育学者の齋藤孝さん（『新しい学力』岩波書店，2016）は，時代の変化に対応するには，「伝統的な学力」に求められていた基礎知識を「新しい学力」の手法（気づきや，問題解決など）で教育するのが有効である，と主張しています。伝統的な学力とはここで言う「正面からの教育」，新しい学力の手法とは「斜めからの教育」に通じるところがあります。研究の中から教えられた「正面から，斜めから」の両方からの教育が，正しく「新しい学力観」

202

に求められているようです。

13.5. ことばの精密さに驚かされる

　ことばを深く研究すればするほど，ことばが複雑でしかも精緻にできていることに驚かされます。そのようなことばを営んでいるのは，言うまでもなく，人間の脳です。人間の脳は，想像を絶するほど精巧にできています。人間は誰もが，年齢，性別，国籍，人種，知能の高低，身体的・精神的障害の有無，貧富，職業の地位や身分などに関係なく，ことばを話すことができるのですから，**人間は誰もが等しく高度に精巧な脳を持っている**わけです。高度に精巧な脳を持った人間の命を，だれ一人として疎かにすることはできません。よく報道や教育現場で「命の大切さ」とか「人間の尊厳」などという語句が用いられますが，ことばの研究を深め，それを人間の脳や生命と関係付けるにつれて，そうした語句の意味の重みがますます増してきます。

　1年生や2年生を対象にした「コース入門講義」や「コース講義」の授業で，普段気付かない日本語や英語の規則性，ことばの生得性，ことばと脳の関係などの講義を行ってきました。毎時間授業の終わりに，配布した「コメント・質問カード」に授業の感想やコメントを書いてもらいます。毎年多くの受講生から「人間ってよくできている」とか，「人間の脳はやはりすごいと思った」とか，「人間は面白くて不思議だ」などといったコメントが返ってきます。ことばの教育を通じて，学生たちに，人間の偉大さや，人間への興味，命の尊さなどを多少は実感させることができたのではないかと密かに思っています。

第13章　ことばに学ぶ　　203

　進化生物学者の長谷川眞理子さんが，ダーウィンの『種の起源』が現代人に向けて発しているメッセージとして，一つは「地球上の生き物はすべてが繋がっている」ということ，もう一つは「**生き物の間には無駄なものなど一つもなく，この世界は多様な生物が互いに関係し合いながら保たれている**」ということである，と述べたことがあります（『NHK 100分 de 名著　ダーウィン「種の起源」』，2015）。我々人間も地球上の生物の一つの種であるのですから，少なくとも人間同士がお互いに繋がっており，誰一人として無駄な人などいないはずです。ことばの研究を通じて，どの言語にも当てはまる普遍文法を知り，それを営む人間の精巧さを知るほどに，人間同士が繋がっており，無駄な人などいないことが強く実感として伝わってきます。無駄な人など誰一人としていないからこそ，**多様性を最大限認め合い，一人一人の尊厳を尊重し合わなくてはならない**，と改めて痛感している次第です。

13.6.　ことばによる人間科学

　最後に，この講義で話したことと私の言語研究の理論的枠組みであるチョムスキーの生成文法理論との関係について，少しだけ触れておきたいと思います。生成文法は，単なる言語分析の一理論ではなく，ことばの研究を通じて人間の本質（human nature）を究明しようとする大変スケールの大きな理論——経験科学としての「人間科学」の一理論ということができます。チョムスキーは，最近の生物言語学（Biolinguistics）を人間生物学（human biology）と位置付けていますが，ことばの研究を通じて人間の生物的本質を明らかにしようとしています。また，チョムスキー

の一連の政治論文や社会批判は，3 年前（2014 年）上智大学で行われたレクチャーでも触れられているように，人間社会がどうあるべきかと同時に，人間の社会的本質とは何かを明らかにしようとしているものと思われます。人間の本質には，もう一つ，他の動物には見られないような**人間の「倫理的本質」**とでも呼ぶべきものがあるものと考えられます。本日お話したことが，人間の倫理的本質についての探究の出発点となり，今後この方面の考察をさらに深め，整理していければと考えています。[2]

---

[2] 『学習院大学英文学会誌　2016——中島平三教授退職記念号』（2017）より一部抜粋・修正。

あ と が き

　「はじめに」でも触れましたが，新たに実施される大学入学共通テストの英語では，英検やTOEFLなど民間の検定試験を用いて，4技能の学力が測られることになります。この新テストの方向性を，朝日新聞の社説（2017年5月21日）は，「語学は，使えてこそ意味がある。『読める』『聞ける』だけではなく，『話せる』『書ける』も目指すのは当然だ」と歓迎しています。「話す」「書く」が加わることを歓迎する理由として，高校3年生を対象とした調査で「日常の事柄について単純な情報交換ができる」という水準を超えた生徒が，「話す」で1割強，「書く」で2割に留まっている点を挙げ，こうした低い数値は「読解・文法中心の授業を脱し切れていない現実を映す」としています。

　「話す」「書く」の学力が低い現状について，「読解・文法中心の授業」から脱却できていないことに原因を求めるのは，やや的外れのような気がします。英語学力の経年変化を調査した斉田（2014）によると，1995-2008年の14年間に英語学力が連続して著しく低下しており，その原因として，「この14年間は中学の学習指導要領が文法や訳読を軽視して音声中心の『コミュニケーション重視』に転化した時期と重なる」（江利川・他（2014: 18），傍点は筆者）ことが挙げられます。現在の高校英語の指導要領では，文法のすべての項目が「コミュニケーション英語I」だけに追い込まれ，その役割は「コミュニケーションを支えるもの」と限定されています。決して「読解・文法中心の授業」が大手を

205

振って闊歩しているわけではありません。もし高校で依然として文法中心の授業が行われているとするならば，さぞかし入学してくる大学生（特に英文科の学生）は英文法の知識を豊かに持っているものと期待されますが，この領域でも力や知識が年々著しく低下しています。英語教育の実用的目標が十分達成できていない原因を文法に求めるのは，あまりにも常套句的で，単純化し過ぎており，しかも的を射ているとは言えません。

　話すことの目標を「日常の事柄について単純な情報交換ができる」こととするのであれば，天気・健康・家族・趣味など「日常の事柄」に関する幾つかの決まり切った表現を，掛け算の九九や教育漢字のように丸暗記させて，質問を受けたらそれらの表現の中から「条件反射的に」答えさせるということも考えられなくはありません。ですがこれでは，英語教育の目標を実用性に限定したとしても，あまりにも矮小化し過ぎています。もう少し内容のある会話に発展できるようにするには，応用の下支えになる「細々とした約束事」，すなわち正面からの学校文法が不可欠であることは言うまでもありません。どの言語であれそれを外国語として学ぶ以上は，その言語の「細々とした約束事」を学ぶことは避けられませんし，決して容易なことではありません。従来の実用的英語教育に問題があるとすれば，その導入や説明の仕方，動機付け，学び甲斐への誘導，カリキュラムの体系性などに，工夫や配慮がやや不足していたのではないでしょうか。英語教育の問題点は，その目標が，無機的な実用性に偏り過ぎていることとも無縁ではなさそうです。

　本書では「斜めからの学校英文法」の勧めを説いてきましたが，そのことだけを聞くと「えー，英語教育の諸悪の根源とされてい

あとがき　　207

る文法を，今さらながら，臆面もなく勧めているの？」と言われ
そうです。ですが「斜めからの学校英文法」が目指しているのは，
文法学習を通じて，大局的な観点から規則性や体系性を見つけ出
し，洞察力や思考力を養うという，これまで英語の授業では軽視
されがちであった文法教育です。しかも，外国語を学ぶ上で避け
て通れない正面からの英文法で学んだ（あるいは，学ぶ）教材を
有効に活用して行おうとする試みです。教育全般に知識の伝授と
思考力の鍛錬という二つの側面があるのと同じように，英語教
育・文法教育にも第 1 章で触れた通り，実用的目標と教育的目標
があります。英語教育・文法教育が，いや教育全般が，実用的目
標に傾き過ぎてきている時だからこそ，またそうした目標が期待
ほど成果を上げていない時だからこそ，今まであまりウエイトが
置かれてこなかった，そして，あまり試みられることがなかっ
た，じっくり考え，自ら答を見つけ出そうとする教育が必要なよ
うに思われます。新しい学力観に求められている「気付き」とか
「活動的学習」が究極的に目指すべきことは，皮相的な知識や技能
ではなく，こうした洞察力や思考力の鍛錬ではないのでしょうか。

＊　　　＊　　　＊

　この「言語・文化選書」の最初の作品である安井稔先生の『新
版　言外の意味（上）』が刊行されたのが 2007 年ですから，開拓
社の川田賢さんに，この選書にお誘い頂いたのは選書が実際にス
タートする前（おそらく 2006 年の東京大学における日本英語学
会の折）であったように思います。その後，この選書に相応しい
テーマがなかなか思いつかず，何冊か開拓社から本を出すたびご
とに，「この本の出版で義理を果たしたことにしてください」と
お願いするのですが，川田さんは頑として承諾せず，学会などで

お会いすると有言・無言に，「まだ約束が果たされていませんよ」とやんわりと催促され続きてきました。本書のテーマで選書に書いてみようかという思いになったのは，2016 年 5 月 23 日に営まれた安井先生のお通夜の後で先生のことを偲びながら川田さんと恩師の今井邦彦先生とで話をしていた時でした。安井先生が背中を押してくださったのか，あるいは「いい加減約束を果たしなさい」と叱咤されたのでしょうか，その場で川田さんに，今度は本当に選書に書くことをお約束しました。約 10 年越しの約束が，ようやく果たせることになりました。

　この約束は，私にとっては大変幸運であったように思います。実際に書き始めたのは，2017 年 3 月末の定年退職の前後でしたので，この本の執筆のお蔭で，退職者がよく経験すると言われる「仕事ロス」にもならずに，快適に時間的拘束の無い第 2 の人生に入ることができました。私とは対照的に時間的に忙しい，学習院大学の平田一郎君，茨城キリスト教大学の三輪健太君，それに留学準備中の小野寺潤君に，全原稿に目を通してもらいました。誤植，文章の難易，表現や内容の適不適など多岐に亘って，大変有益な指摘や示唆を戴きました。記して厚く御礼を申し上げます。開拓社の川田さんには，いつものことながら辛抱強く温かく激励を頂き，深く感謝致します。

参 考 文 献

教科書・参考書（〈　〉内は本文中での表記法）

『Departure English Expression I グラマーノート』大修館書店，東京．
　〈Departure〉

『Essentials of English Grammar（新英文法エッセンス）』開拓社，東京．
　〈Essentials〉

『Forest（総合英語フォレスト）』桐原書店，東京．〈Forest〉

『Inspire 総合英語』文英堂，東京．〈Inspire〉

『New Access to English Grammar』開拓社，東京．〈New Access〉

『Shorter Guide to English Grammar』開拓社，東京．〈Shorter〉

『Vison Quest, English Expression I, Advanced』新興出版社啓林館，大
　阪．〈Vision〉

和　書（50 音順）

荒木一雄・安井稔（編）（1992）『現代英文法辞典』三省堂，東京．

今井邦彦・中島平三（1978）『現代の英文法（第 5 巻）: 文 II』研究社，東
　京．

江川秦一郎（1991）『英文法解説』金子書房，東京．

江利川春雄・斉藤桃史・犬飼玖美子・大津由紀雄（2014）『学校英語教育
　は何のため？』ひつじ書房，東京．

久野暲・高見健一（2017）『謎解きの英文法　動詞』くろしお出版，東京．

斉田智旦（2014）『英語学力の経年変化に関する研究: 項目応答理論を用
　いた事後的等化法による共通尺度化』風間書房，東京．

齊藤孝（2016）『新しい学力』岩波書店，東京．

新村出（編）（2008）『広辞苑』（第 6 版），岩波書店，東京．

ダーウィン，チャールズ（渡辺政隆（訳））『種の起源（上）』光文社，東
　京．

中島平三（2016）『これからの子どもたちに伝えたい　ことば・学問・科
　学の考え方』開拓社，東京．

209

中島平三（2016）『島の眺望——補文標識選択と島の制約と受動化』研究社，東京.

中島平三（2017）「ことばを学ぶ　ことばに学ぶ」，『学習院大学英文学会誌（2016）——中島平三教授退職記念号』，39-59.

日本大辞典刊行会（編）（1975）『日本国語大辞典』第 7 巻，小学館，東京.

長谷川眞理子（2015）『100 分 de 名著「ダーウィン」』日本放送協会，東京.

英文図書・論文（アルファベット順）

Battistella, Edwin (1983) "Gerunds and Subject Case Marking," *WCCFL* 2, 1-10.

Bresnan, Joan W. (1982) "The Passive in Lexical Theory," *The Mental Representation of Grammatical Relations*, ed. by Joan Bresnan, 3-86, MIT Press, Cambridge, MA.

Celce-Murcia, Marianne and Diane Larsen-Freeman (1983) *The English Grammar*, Newbury House, London.

Chomsky, Noam (2015) *The Sophia Lectures*, *Sophia Linguistica* LXIV.

Culicover, Peter W. (1999) *Syntactic Nuts; Hard Cases, Syntactic Theory, and Language Acquisition*, Oxford University Press, New York.

Declerck, Renaat (1991) *A Comprehensive Descriptive Grammar of English*, Kaitakusha, Tokyo

Huddleston, Rodney and Geoffrey K. Pullum (2002) *The Cambridge Grammar of the English Language*, Cambridge University Press, Cambridge.

Kiparsky, Paul and Carol Kiparsky (1971) "Fact," *Semantics: An Interdisciplinary Reader in Philosophy, Linguistics, and Psychology*, ed. by Danny D. Steinberg and Leon A. Jakobovits, 334-369, Cambridge University Press, Cambridge.

Jones, Charles (1991) *Purpose Clauses: Syntax, Thematics, and Semantics of English Purpose Constructions*, Kluwer, Dordrecht.

Quirk, Randolph, Sidney Greenbaum, Geoffrey Leech and Jan Svartvik

(1985) *A Comprehensive Grammar of the English Language*, Longman, London.

Reuland, Eric J. (1983) "Governing *-ing*," *Linguistic Inquiry* 14, 101–136.

Ross, John Robert (1972) "Double-ing" *Linguistic Inquiry* 3, 61–81.

Williams, Edwin S. (1994) *The Thematic Structure in Syntax*, MIT Press, Cambridge, MA.

索　引

1.　日本語はあいうえお順で示し，英語（で始まるもの）は ABC
　　順で最後に一括してある。
2.　～は直前の見出し語を代用する。
3.　数字はページ数字を表し，太字は重点箇所を示す。

［あ行］

新しい学力観　201, 207
意味上の主語　50, 52
　　見えない～　50-57
迂言的助動詞　36, 76

［か行］

格
　　主格　99, 103
　　主語の～　99
　　所有格　102
　　目的格　99, 100, 110
過去分詞　114, 125
関係詞節　65
観念　133, 141, 149, 150, 168
願望動詞　131, 150
義務的要素　18, 69, 70, 94
教育的目的
　　外国語教育の～　5
虚辞　14, 111, 123, 124, 135, 137,

146, 148
屈折接辞　105, 117
繰り上げ　111, 124, **136**, 147
　　主語への～　111, 136
　　目的語への～　147
繰り上げ動詞　135, 136, 144
形式主語　15
原形不定詞　46
現在分詞　79, 89, 114, 126
現実　92, 165, **167**, 168, 170
現住所　87, 124, 128, 147
行為　159, 168
行為動詞　161
5 文型　**12**, 16

［さ行］

再帰代名詞　**25**, 54, 55
最短距離の原則　**58**, 63, 68, 73,
　　148
3 人称命令文　27
使役動詞　46

213

思考動詞　140, 150
事実　158, 168
時制　30
時制変化　153
時制要素　32, 34
実用的目的
　　外国語教育の〜　5
修飾語　18
主強勢　106
主語　13, 22, 75, 96, 123, 147
　　現在分詞の〜　96
　　動名詞の〜　75, 96
　　ナル動詞の〜　123
　　命令文の〜　22
述語動詞　**29**, 32, 89, 130, 153
受動化できない他動詞　177, 190
　　〜の特徴　179
受動文　174
準動詞　39, 74, 89, 153
小節　47, 100, 110–112
正面からの英語教育　10
正面からの教育　200
叙実動詞　157
助動詞　20, **29**, 34, 38, 46
　　不定詞節の〜　39
　　動名詞節の〜　76–78
進行形　110
　　〜の動名詞　78
心理動詞　116
随意的要素　19, 69, 70
数の一致　123
スル動詞　121
制御動詞　135, **137**, 144
生物言語学　203

接辞　34, 76, 81, 104
相助動詞　20, 41, 44–46, 77, 78, 87
想定動詞　130, 150
相動詞　131, 161, 164
相補分布　114
存在構文　111, 122
　　→there 構文
存在の there　48, 112, 135

[た行]

達成動詞　161
他動詞　**173**
　　〜の三つの性質　174
単数の they　61
知覚動詞　46, 109
天候動詞　48, 111, 147
天候の it　14, 48, 111, 112, 135
同格節　67
動作者　182
到達動詞　161
動名詞　74, 79, 89, **153**
　　〜を取る動詞　154
動名詞・現在分詞分離不要論　91
動名詞節　75
時　30, 130, 143
　　不定詞の〜　130
独文分詞構文　98, 103

[な行]

斜めからの英語教育　10
斜めからの学校英文法　8, 11

索 引　　215

斜めからの教育　200
ナル動詞　**121**, 123, 189
二重 -ing の禁止　**79**, 80, 93, 112
二重法助動詞の禁止　82
人間科学　203

［は行］

場所　182, 185
派生語　31
派生接辞　105, 106, 117
非現実　92, **133**, 143, 149, 165,
　168, 170
非叙実動詞　157
非対格仮説　128
非対格動詞　121　→ナル動詞
否定
　不定詞の〜　44
非定形動詞　74
否定文　31, 35, 44, 84
非能格動詞　121　→スル動詞
付加疑問文　26
複合語　80, 106
副詞　18
副詞的要素　18, 19, 20
不定詞　153
　〜の意味　134
不定詞節　38, 64, 71
　形容詞的用法の〜　64, 69
　副詞的用法の〜　71
　名詞的用法の〜　68

文　39
分詞の形容詞的用法　116
法助動詞　20, 33, 40, 76, 85, 94
本籍地　87, 124, 127, 147

［ま行・や行・を］

右側主要部の原則　81
非現実　133-134, 144, 149, 151,
　168
未実現　42, **133**, 143, 149, 150,
　168
「見せかけの」他動詞　187
命令文　22
モノ　180, 185
要請動詞　142, 150
4技能　2
ヲ格　174

［英語］

do / does / did　31, 35, 76
S + V + O + to 不定詞　140
S + V + to 不定詞　129
that 節　51
there 構文　111, 122-125
to　39, 46
to 不定詞　90
　〜を取る動詞　149
un-　117
Yes-No 疑問文　21, 37, 45, 84, 85

中島　平三　（なかじま　へいぞう）

　1946 年東京生まれ。東京都立大学大学院修士課程修了（文学修士），米国ア
リゾナ大学大学院言語学科博士課程修了（Ph.D.）。東京都立大学名誉教授。
千葉大学助教授，東京都立大学教授，都立大学附属高等学校長，学習院大学
教授，学習院初等科長などを歴任。日本英語学会会長，日本英文学会評議員，
一般社会法人語学教育研究所理事，アメリカ言語学会名誉会員委員会委員な
どを経歴。

　編著書として，*Current English Linguistics in Japan*（Mouton de Gruyter），
『言語の事典』（朝倉書店），*Locality and Syntactic Structures*（開拓社），*Argument Structure: Its Syntax and Acquisition*（共著：開拓社），『明日に架ける生成文法』（共著：開拓社），『これからの子どもたちに伝えたい　ことば・学問・科学の考え方』（開拓社），『島の眺望──補文標識選択と島の制約と受動化』（研究社），『ことばのおもしろ事典』（朝倉書店）など多数。

斜めからの学校英文法　　　　　　　　　　　<開拓社　言語・文化選書 70>

2017 年 10 月 22 日　第 1 版第 1 刷発行

著作者　　中 島 平 三
発行者　　武 村 哲 司
印刷所　　日之出印刷株式会社

発行所　　株式会社　開 拓 社
　　　　　　　　　　〒113-0023　東京都文京区向丘 1-5-2
　　　　　　　　　　電話　（03）5842-8900（代表）
　　　　　　　　　　振替　00160-8-39587
　　　　　　　　　　http://www.kaitakusha.co.jp

ⓒ 2017 Heizo Nakajima　　　　　　　ISBN978-4-7589-2570-9　C1382

JCOPY　<（社）出版者著作権管理機構　委託出版物>
本書の無断複写は著作権法上での例外を除き禁じられています。複写される場合は，その
つど事前に，（社）出版者著作権管理機構（電話 03-3513-6969，FAX 03-3513-6979，
e-mail: info@jcopy.or.jp）の許諾を受けてください。